一个都不能少

——基于课程标准的全员运动会

李　强　毕迎玉　田英浩　著

山东大学出版社
SHANDONG UNIVERSITY PRESS
·济南·

图书在版编目(CIP)数据

一个都不能少：基于课程标准的全员运动会/李强，毕迎玉，田英浩著. —济南：山东大学出版社，2021.9
ISBN 978-7-5607-7219-6

Ⅰ. ①一… Ⅱ. ①李…②毕…③田… Ⅲ. ①体育课—教学研究—中小学 Ⅳ. ①G633.962

中国版本图书馆 CIP 数据核字(2021)第 227977 号

责任编辑 李 港
文案编辑 刘晓燕
封面设计 杜 婕

出版发行 山东大学出版社
社 址 山东省济南市山大南路 20 号
邮政编码 250100
发行热线 (0531)88363008
经 销 新华书店
印 刷 济南华林彩印有限公司
规 格 720 毫米×1000 毫米 1/16
11 印张 182 千字
版 次 2021 年 9 月第 1 版
印 次 2021 年 9 月第 1 次印刷
定 价 76.00 元

校长寄语

教育的根本是什么？苏霍姆林斯基说："只有能够激发学生去进行自我教育的教育才是真正的教育。"身为一名校长、一名思想品德老师、一名资深体育爱好者，我常常在问，我的使命是什么？经历过一次次叩问，一年年探索，我好像明白了。我的职责和使命，就是"培养人"。培养什么样的人？怎样培养人？在五年的发展过程中，学校秉持"养正向阳"的校训精神，确立了"为每一个孩子提供更优质的教育服务"的办学宗旨，挖掘"正"字文化精髓，打造学校"正学"课程，以"养正向阳"为核心理念，以体树人，努力培养"博学、创新、健体、尚美、向善"的正阳学子。在不断发展的过程中，形成了具有鲜明特色的"学生至上，不怕困难，担当奉献，唯旗誓夺"的学校文化。

还记得多年前拜读美国约翰·瑞迪教授《运动改造大脑》一书的我，那时的我早已尝到运动的"甜头"。运动不仅可以健身，更可以健脑。运动不仅是身体活动，它渗透了方方面面的教育，但是读到书籍，看到实证，更加证实了自己的想法。德智体美劳，体育是第一学科，体育不仅强身健体，还可以让孩子更聪明、更快乐、更全面，体育才是最能够激发孩子去进行自我教育的教育。所以，在不断的探索与发展中我觉得要"以体树人"。第一，以个性化素养发展为核心，即以学生需求和发展为出发点，着眼于学生个体认识的独特性和经验的自我主动建构，为学生个性化的素养发展提供广阔空间。第二，建设满足学生发展需求的丰富的体育课程和体育赛事，鼓励支持有意愿开发校本课程的教师、学生、家长、校外机构等各种资源参与进来。第三，以机制为保障，重视课程开发程序化和制度化，确保课程具有可持续发展、不断更新丰富的机制。

经过五年的发展创新，学校获得的体育方面相关的荣誉有：全国足球特色学校，全国青少年校园冰雪运动特色学校，全国篮球特色学校，全国手球传统学校，北京2022年冬奥会和冬残奥会奥林匹克教育示范学校，淄博市冰上运动、轮滑运动后备人才基地，淄博市体育工作突出贡献单位，周村区学校体育工作先进单位等。淄博市正阳路小学最具有特色的体育项目有：足球、篮球、手球、田径、武术、轮滑、地板冰壶等。学生获得的体育竞赛最好成绩有：全国青少年U

系列滑冰赛冠军、全国速度轮滑锦标赛200米和10000米冠军、全国跳绳比赛季军、全市篮球比赛冠军、全市速度轮滑锦标赛冠军、全国少儿武术比赛冠军、山东省武术套路冠军赛冠军、连续五届全区田径运动会冠军等等。

为促进每一个孩子的全面而有个性的发展，我们以中国学生发展核心素养为指导，制定了《正阳路小学学生展“正学”评价总标准》，运用“五阶评价法”，评选“五彩童星”，颁发“五彩五星”奖章，让每一位正阳学子在德智体美劳全面发展的基础上，实现有特点的成长。五彩童星评价维度见下表。

五彩童星评价维度

学生发展维度	颜色标识
德育课程	红
博学课程	蓝
尚美课程	紫
创新课程	黄
健体课程	绿

结合课程特点，各学科分别制定了五个等级的评价标准，学生以五等晋阶的形式，了解自己的课程发展程度。如下图：

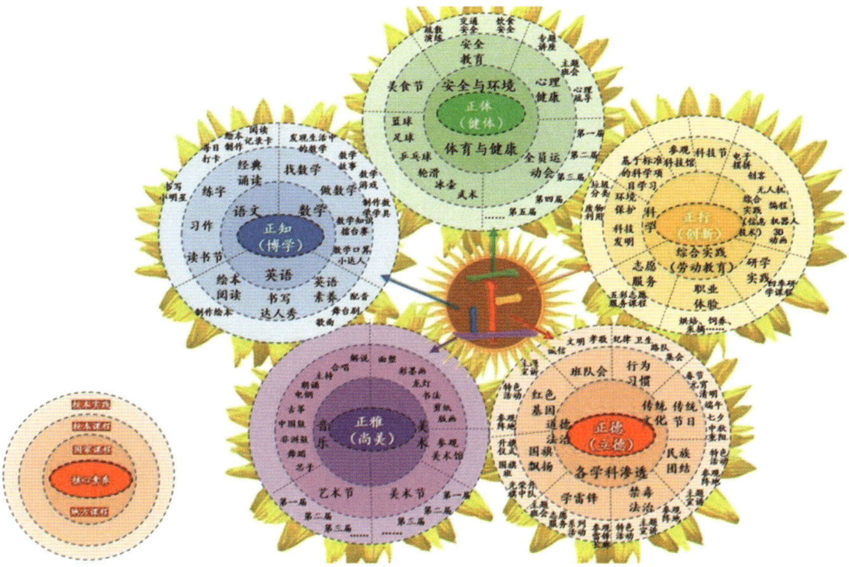

1.课堂评价

在课堂学习中，每个科任教师根据自己所教学科的课程要求以及学生的表现，及时奖励学生一颗相应颜色的小葵花，并让学生粘贴在《五彩童星学生手册》上。另外，除了评价本学科主评维度能外，科任教师还要注意评价学生其他相关的成长维度。

2.活动评价

学校对学生在各种活动中的表现予以恰当的评价，给予适当数量的五彩葵星的奖励，并记入争星手册中。如每月以“我的偶像我来选”为主题的校园小明星评选，就是要尊重学生的个体差异，鼓励学生多元发展，通过民主评比、公开表彰、活动展示的方式，打造校园学生偶像，以点带面，促进全体学生共同发展。

3.综合评价

评价以促进学生的发展为根本目的，不仅要发现学生的强项，还要在其强项与弱项之间搭建桥梁，以促进学生全面而个性化的发展。

学校每学年都组织“五彩童星”评选，文化课成绩不是入选的唯一标准，上一学年在德智体美劳等各类课程方面有突出表现的学生均可申报参选，在某一方面有突出表现的学生都可能成为校园偶像。

文明其精神，野蛮其体魄。全员运动会以学生发展为根本，以体育竞技为契机，聚焦核心素养，融合朗诵、歌唱、绘画、书法、传统武术、击鼓等多种艺术形式，扎根传统，崇尚科学，培育了学生爱党爱国情怀，开拓了学生眼界，密切了家长与学校、政府与学校、社会与学校的联系，必将催生出蓬勃动力，激励学校和全体师生朝着新的更高目标前进。

目　录

第一章　基于标准的全员运动会简介

周村区正阳路小学始终坚持“为每一个孩子提供更优质的教育服务”的教育理念和“以人为本、健康第一、终身体育”的体育宗旨，全面践行课程理念，基于体育与健康课程标准，实施项目式体育教学，通过对体育课堂教学进行改革和创新，形成了体育课堂、阳光大课间、全员运动会三位一体的体育教学模式，使学生充分感受到体育运动的魅力，切实促进了学生的身心健康、体魄强健。

一、目前中小学体育运动会的基本情况和举办全员运动会的背景

（一）目前中小学体育运动会的开展现状

现在的学校体育运动会大多数还是以田径运动会为主，开展形式、参加人数、项目设置、评价方法等依然沿袭着竞技运动会的模式，从而导致多数学生在晒太阳、少数学生在比赛。造成了重竞技、淡参与的现状，从而使大部分学生对体育运动会失去了兴趣，也就出现了学生不喜欢运动、不喜欢参与的局面。造成这种局面有几方面的原因：

1.传统运动会开幕式的形式与体育教学和阳光大课间出现脱节现象。

2.传统运动会只有少数人参加比赛，大部分同学观看。

传统运动会项目

3.传统运动会的项目设置形式单一，注重竞技性，淡化了运动会的德育渗透、团队协作、规则意识等育人功能。

传统运动会项目

4.传统运动会评价形式单一，忽略了奖评方式的参与性和鼓励性。

5.传统运动会按照年级进行比赛，造成了学生无兴趣也无需关注非本年级比赛的情况。

（二）国家倡导开展全员运动会

近20多年来，我国青少年学生体质健康水平的持续下降，已经引起了国家和社会的高度关注。

2016年5月，国务院办公厅《关于强化学校体育促进学生身心健康全面发展的意见》（国办发〔2016〕27号）指出："面向全体学生，广泛开展普及性体育活动。"

2016年12月，山东省政府办公厅《关于贯彻国办发〔2016〕27号文件强化学校体育促进学生身心健康全面发展的实施意见》（鲁政办发〔2016〕53号）指出："大中小学要设置学生喜闻乐见、易于参与的竞技性、健身性和民族性、地域性体育项目，每年至少举办一次综合性运动会。"

（三）国内外全员运动会现状

在国外，关于开展学校运动会更多关注的是全员参与性和尊重个性化。

例如：日本学校比较重视运动会的教育意义，关注培养学生的团结意识和民族凝聚力。美国学校更加关注学生的个体差异性，注重学生的个性形成和运动兴趣的培养。

在国内，2013年12月，北京师范大学体育与运动学院毛振明教授牵头成立了全国学校体育联盟(教学改革)。它倡导的全员运动会(教学改革)的具体内容为创新各学段、各项目的全员运动会规程、内容、组织方式和教育形式等,指导实验校根据学校和学生特点创新比赛项目和组织形式,举办多样化、有特色的运动会。近几年,北京、广州、杭州等地市的实验区和实验学校成功举办全员运动会,在社会上引起了巨大的共鸣。

目前中小学的运动会以传统田径运动会为主。学生参与人数少,大部分学生的兴趣点比较低,很难发挥运动会的育人功能。

综上原因,正阳路小学立足实际,从全员的角度出发,树立全员运动会理念,通过改革运动会的形式与内容,积极探索开展全员参与运动会新模式。

(四)举办全员运动会的价值或意义

1.形成体育课堂、阳光大课间和全员运动会三位一体的体育教育模式。全员运动会作为一种展示评价方式,可以强化体育教研,加强教师间的科研能力;促进教学资源的研究和整合,形成项目式教学,为体育课堂教学提供了方向和依据,从而提高教学质量;创编素质操、垫上操、平衡操、篮球操、跳绳操可以丰富和提高阳光大课间的质量,从而形成以体育课堂、阳光大课间、全员运动会三位一体的体育教育模式。

2.促进学生健康、全面发展。全员运动会的项目内容,是依据体育教学内容创编而成,注重激发学生的运动兴趣,引导学生掌握体育与健康基础知识、基本技能和方法,同时增强学生的体能,培养学生坚强的意志品质、合作精神和交往能力,帮助学生养成遵守规则、遵守纪律、尊重对手的行为习惯,更好地为学生终身参加体育锻炼奠定基础,从而促进学生健康、全面发展。

3.以全员运动会为评价,实现课程标准的落地,促进体育教学质量的提升。新一轮体育与健康课程教学改革提出了新的课程理念,旨在通过教师教学方式的变革促进学生学习方式的转变。通过全员运动会的举办和实施,可以让教师从课程目标、课程内容、课程实施、课程评价四个方面进行全方面的学习和理解,把课程理念逐步转化为教学行为,近而提升学校体育教学质量。

二、以学生全员参与为抓手,积极开展项目式教学,切实提高学生的基本身体素质和体育学习能力

全员运动会的实施要以体育课堂教学成效为抓手。但是目前我国依然存在学生喜欢体育活动但不喜欢体育课的现象。要改变这样的状态,就要真正树

立“以学生发展为中心”的理念，要尊重学生的学习需求，激发学生的课堂学习兴趣。自2016年开始，体育学科结合学校基于标准的教学设计课改，积极推进体育学科项目式教学尝试，为落实课程标准和学生兴趣的需求，以及打造学校体育特色，我校将体育课分解为“足球”“篮球”“运动技能”课程，其中《运动技能》课程是包含走、跑、跳、投、技巧、体操、传统项目的综合课程。学校体育课程的设置是一、二年级每周足球课一节，篮球课一节，运动技能课两节；三、四、五年级足球、篮球、运动技能各一节。

正阳路小学的体育学科教研团队成员重新学习体育与健康课程标准，邀请华东师范大学的李峰博士来定期给体育教师进行基于课程标准的教学设计与研究专场培训。体育组定期进行教研，基于体育与健康课程标准编写了课程纲要和专项备课，按照项目特点，把教学内容进行梳理与整合，科学安排教学内容，形成技能、体能体系。根据教学内容，制定和完善运动会比赛项目并创编素质操、垫上操、平衡操、篮球操和跳绳操。教师从学生的兴趣点出发，采取灵活多样的教学方法，分年级备课，纵横交叉，能更好地围绕课程标准、课程纲要精准地撰写教案，研究教材及教法，教研活动氛围浓厚，教学成效良好，达到学校体育教学的目的。

例如：在水平二的课程标准中，要求初步掌握多种体育活动的方法。在这条课程标准中有五个评价要点，其中第一个就是初步掌握几项球类活动的基本方法。剩余的四个要点由技能课来完成。根据课程标准，选择篮球教材和足球教材来完成课标。结合教材内容，将课程标准分解为初步掌握篮球中原地运球和行进间运球的基本方法，足球为初步掌握脚内侧传接球和脚背正面运球的基本方法。篮球评价为原地运球的动作准确和运球次数，足球评价为脚内侧传接球的准确度与脚背正面运球的速度、频率以及运球急停的能力。

三、以培养学生终身体育意识为宗旨，学校全员运动会的成效显著、影响深远

全员运动会是基于课程标准教学的成果展示，通过项目式教学，落实课标，并把项目式教学的内容改变成了全员运动会开幕式的素质操、垫上操、平衡操、篮球操和跳绳操，也选取部分教学内容创编成全员运动会的比赛项目，从而形成了具有学校特色、学生喜欢的全员运动会。

（一）开幕式形式：全员运动会学生全员参与开幕式，给每一位学生提供了展示自我的机会

全员运动会开幕式

校园平衡操

(二)参与人数:全员参与,关注差异

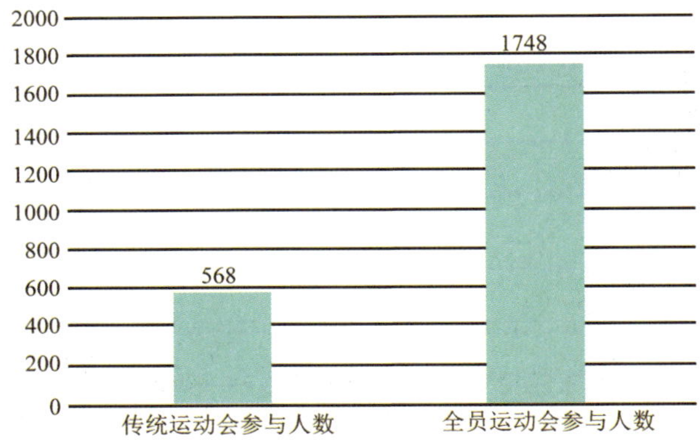

正阳路小学传统运动会与全员运动会参与人数对比

(三)项目设置:以学生为本,不以选拔为目的,不再设单人专项,没有冠亚军,只有优胜队

通过全员运动会推动阳光大课间的内容与形式改革,融合学校体育品牌特色项目,促进教学内容的整合。例如:二年级“最长的绳子”根据发展学生的柔韧性而设计,要求参赛队员脚脚相连,不能断开,哪个队的绳子最长哪个队获胜。这个项目主要是评价孩子们的柔韧性,培养他们团结协作的品质。

比赛项目:最长的绳子

四年级“投篮入筐”是一个综合的篮球项目，通过各个关卡，将单一的篮球技术有效地结合起来，让队员们体会到篮球项目的综合性，同时也要求队员通过积极的跑跳来更快地完成比赛，提高队员球性的同时也发展了队员的体能。

比赛项目：投篮入筐

校长为冠军颁奖

校长与优胜队合影

（四）通过开展体育教学研究，老师们在创新意识、创新能力和实践能力方面有了明显的提升

老师们在教学过程中以研究者的心态置身于教学过程中，以研究者的眼光审视和分析体育教学理论与教学实践中的各种问题，促进了教师体育教学技能的提升。老师们经历了“实践—反思—再实践—再反思”的螺旋式的上升过程，实现专业化的发展与成长。

体育组集体教研

校长参与体育组教研

全员运动会筹备会议

运动会前会场布置

（五）家长支持，家长热情高涨，积极参与，促进了家校交流

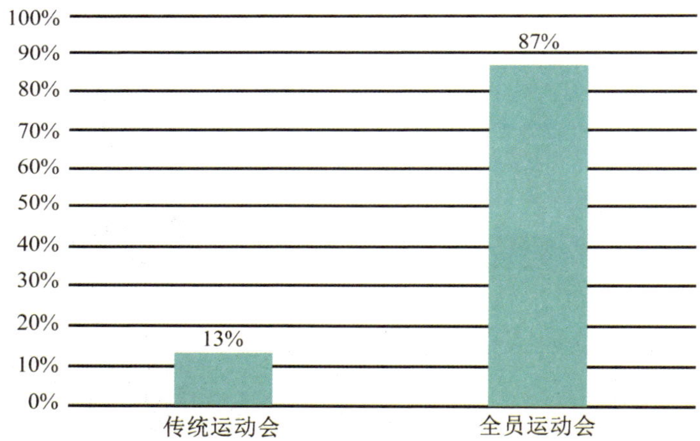

关于传统运动会与全员运动会家长的选择

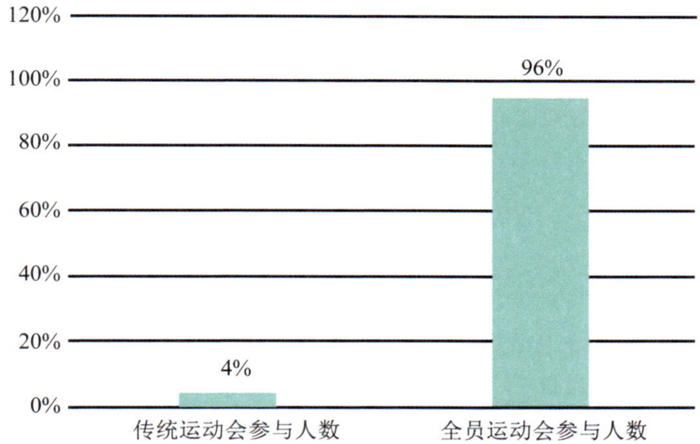

关于传统运动会与全员运动会学生的选择

（六）示范引领效果

学校是淄博市第一个举办全员运动会的学校，起到了示范引领作用，吸引了区内外的学校前来观摩学习，既提高了学校体育教学的影响力，也带动了全区学校运动会甚至是体育教学的创新改革。

通过全员运动会和项目式教学，正阳路小学的体育创新工作也得到了各级各界的认可和肯定。2018 年 7 月，山东省体育局副局长乔云萍一行来正阳路小学调研，现场观看了学生轮滑项目展示，了解和询问了学校的体育工作、轮转冰项目开展以及队员们的学习训练情况，乔局长对正阳路小学体育工作和积极推动轮滑项目给予了充分肯定。2021 年 5 月，我校承办了“奔跑吧 · 少年”儿童青少年主题健身活动（淄博分会场），本次活动是国家体育总局全民推进体教融合、提高青少年健康水平的重要举措，淄博市体育局党组书记、局长黄雪颂，淄博市教育局总督学赵志远等领导参加了启动仪式。2021 年 11 月，山东省教育厅体卫艺处处长孙乐为对我校体育工作进行指导，通过听取汇报、实地察看等方式对学校体育工作给与了充分的肯定和鼓励，并对学校体育今后的发展探索提出宝贵的意见。

2017 年，正阳路小学被教育部评为“全国青少年校园足球特色学校”。2018 年，学校轮滑队代表周村区参加了首届淄博市学校体育工作展演；在淄博市体育传统项目学校认定中，学校足球、轮滑项目得到了专家评委的高度肯定。2019 年，学校被教育部评为“全国青少年校园冰雪运动特色学校”“北京 2022 年冬奥会和冬残奥会奥林匹克教育示范学校”。2020 年，学校被教育部评为“全国青少年校园篮球体育特色学校”。2021 年，学校被中国手球协会评为“全国手球传统学校”。学校体育训练队、运动员多次在国家、省、市、区级比赛中取得优异成绩。

荣誉的取得离不开学校基于标准的全员运动会的创新和发展。学校将在此基础上，进一步完善和创新适应时代要求、学生需求的全员运动会，真正从根本上调动全校学生的锻炼热情和自觉意识，促进青少年身心健康、体魄强健。

第二章　基于标准的课程纲要

第一节　运动技能学期课程纲要

一、二年级上学期运动技能课程纲要

课程名称:小学体育运动技能

课程类型:必修课程

教学材料:《体育与健康 1 至 2 年级》全一册(人民教育出版社)

授课时间:40 课时

授课对象:二年级

(一)课程背景

1.教材分析

体育与健康课程标准提出以学生为主体,注重激发他们的兴趣与爱好,尊重他们的情感与体验,给学生充分的时间参与体育活动。因此,体育课堂教学不在于传授本领,而在于使学生掌握学习的方法和健身的本领。为了实现这一目的,我根据二年级学生的生理及心理特点,结合我校自主—分项式体育教学的思路进行教学,情境教学始终贯穿本课。通过活动既达到热身的目的,又充分调动了孩子们的练习积极性,提高了其想象力,为下一步的学习奠定了良好的基础。

2.学情分析

二年级的学生对游戏有浓厚的兴趣,对内容丰富、形式多样的体育课渴望而迷恋。他们的注意力易分散,教师在教学方法和手段上应尽量避免或减少干扰力,易采取直观性教学,他们的空间知觉能力差,要借助教师的语言、手势或具体参照物加以引导,帮助学生认识体位关系或活动方位。二年级的学生喜欢参加集体活动,但是自控力差,教师在进行组织教学的时候应尽量多组织集体活动。他们对老师高度信任,喜欢得到老师的表扬,教师在学生面前可对学生的进步进行鼓励表扬。

(二)课程标准

(1)通过学习,学生掌握和学会应用基本的体育与健康知识,增强体能。

(2)培养学生坚强的意志品质,使其学会调控情绪,形成合作意识和能力,具有良好的体育道德,增强安全意识和防范能力。

(3)提高对个人健康和群体健康的责任感,形成健康的生活方式。

(4)发扬体育精神,形成积极进取、乐观开朗的生活态度。

(三)课程目标

(1)学生在参加体育活动和游戏时,能够积极愉快地完成学习任务,从中体验到乐趣和成功感。能够说出自己参加课内外体育活动和游戏的情况。

(2)通过本学年的教学使学生能够说出所学动作、技术的名称或动作术语,掌握走、跑、跳、投等身体基本活动、前滚翻等体操类活动、小足球和小篮球的基本技术动作、武术操等,培养学生的运动兴趣,发展身体素质和基本活动的能力。培养学生的基本活动能力和动作方法,保持正确的身体姿势。

(3)学生通过理论学习和交流,要学会一些体育与健康理论知识,并认识到安全、科学合理地进行体育锻炼的重要性。

(4)在学习技术动作和体育游戏过程中,形成坚定果断的意志品质和敢于积极面对挫折和失败的正确态度;通过集体练习、教学比赛和体育游戏,树立合作意识和集体荣誉感,体现出对团队负责的积极态度。

(四)课程内容

二年级上学期课程内容

	计划进度
第一周	引导课　体育常识:做早操的好处
	1.队列队形;2.游戏:快快集合
第二周	1.基本体操;2.队列:排纵队、横队
	1.基本体操;2.游戏:快快集合
第三周	1.基本体操;2.游戏:一切行动听指挥
	1.复习基本体操;2.游戏:挑战应战
第四周	1.投掷轻物体;2.复习校园韵律操
	1.投掷轻物体(投远);2.复习校园韵律操
第五周	1.投掷轻物体(投远);2.复习校园韵律操
	1.投掷轻物体(投准);2.复习校园韵律操

续表

	计划进度
第六周	1.投掷轻物体(投准);2.复习校园韵律操
	1.投掷轻物体(考核)
第七周	1.各种姿势走;2.游戏:听数抱团
	1.各种姿势走;2.队列:报数
第八周	1.各种姿势起跑;2.队列:向右看齐
	1.直线跑;2.游戏:换物接力
第九周	1.直线跑;2.游戏:迎面接力
	1.曲线跑;2.游戏:换物接力
第十周	1.曲线跑;2.复习劳动模仿操;
	游戏课:1.蹦蹦跳跳;2.猎人猎枪老虎
第十一周	1.队列:向右看齐;2.十字接力
	1.跳绳;2.游戏:换物接力
第十二周	1.跳绳;2.游戏:“8”字接力
	1.跳绳;2.游戏:改换目标
第十三周	1.跳小绳;2.游戏:迎面接力跑
	1.跳绳;2.复习跳小绳
第十四周	1.跳绳测试
	1.跳绳测试
第十五周	1.合理分配体力;2.游戏:叫号赛跑
	1.合理分配体力;2.游戏:迎面接力
第十六周	1.合理分配体力;2.游戏:单脚跳接力
	1.合理分配体力;2.期末总结

(五)课程实施建议

1.教学建议

(1)适当地运用情景教学法,教师以生动的语言、事例、游戏进行兴趣诱导,注重培养学生参与体育课堂活动的兴趣。如在教授跪撑爬行与游戏时可以创设“穿越封锁线”情境,在教授前滚翻时可以创设“小刺猬遇袭”情境,踢球比准游戏时可以创设“轰炸敌营”情境,在武术教学中创设“精忠报国”情境,从而提高学生的学习兴趣。

(2)教师示范必须标准、优美,培养学生学会观察、善于观察和乐于观察的能力,教给学生如何正确地观察教师的示范动作,示范过程中引导学生观察本堂课的技术学习要点,让学生带着问题去观察教师示范。如在教授快速跑时引导学生观察教师的摆臂方向,在教授前滚翻时引导学生观察教师的哪个部位先着垫,在教授原地拍球时引导学生观察教师的手型、触球部位等。

(3)寓教于"乐",教学与游戏相结合,一定程度上淡化技能教学,尤其要避免教授单一技术动作,应从学生的兴趣爱好和教学内容出发,设计切合教学实际的体育游戏,以游戏的方式引领技能的学习。如在教授单双脚跳跃时采用跳单双圈游戏的方式,在教授拍手操时采用"我来比划你来猜"游戏的方式,在教授拍球时采用拍球比多游戏的方式,在武术教学中可以采用"请你跟我这样做"游戏的方式等,避免枯燥的跳跃练习。

(4)整体把握与关注个体差异。在确定集体的课堂目标时,既要从大部分学生的需要、兴趣、身体基础和接受能力出发,又要关注到个体之间的差异,运用不同的组织形式,采取针对性的措施进行分层教学,促进每个学生在自己原有的基础上有所发展。如在教授障碍跑时可以根据学生差异进行分组,进而设置不同障碍进行练习;在教授技巧时可以根据学生个体差异、掌握情况进行分组,分别安排前滚翻、连续前滚翻练习;在教授投篮进筐时可以根据学生差异进行分组,进而设置不同距离进行练习;在教授武术和律动组合时可以根据学生差异进行分组,进而设置不同难度层次进行练习。

(5)集体讲解与小组合作相结合,教师集中讲解、示范与分小组合作探究以及分小组游戏和技术应用相结合,引导学生充分利用小组合作,互帮互助,共同解决问题,进而通过分小组的合作练习和游戏应用巩固所学的知识和技能。如在合作跑游戏中应该充分引导学生通过小组合作完成。

(6)注重趣味内容的课间穿插以活跃体育课堂气氛。如在走跑交替的教学过程中穿插一段节奏分明的音乐,让学生尝试按照音乐节拍进行练习,避免枯燥。

(7)循序渐进。从引导与辅助教学的角度,由浅入深、由易到难的设计教学内容与游戏,使学生一步一步地按照教学进度完成学习内容。如在投与游戏的教学过程中,可首先安排较简单的投掷小沙包游戏,随着学生运动技能的掌握,可安排投掷小垒球游戏等。

(8)教师要注意运用合适的评价手段。淡化评价的甄别功能,强化评价的鼓励和发展功能,重视学生的变化,评价重点应放在学生的运动态度和行为表现以及学习过程和进步幅度上,尤其重视个体经过学习后发生的变化。

(9)增强安全意识,指导学生做好充分的准备活动及辅助练习,学会相关保护方法等。如进行两人互掷小垒球游戏时应确保学生处于安全范围。

2.学习方式

(1)小组合作学习,以小组合作和同伴互助合作等方式完成活动。

(2)游戏比赛法,借助标志物强化训练法。

3.课时安排

每周 2 课时。

4.课外拓展性练习

(1)课堂拓展练习:主要通过小组练习、交流、展示、评比等途径来实现。

(2)课后拓展练习:主要通过看视频、参加比赛、观看比赛进一步巩固提高自己的动作技术水平。

(六)课程评价

学期成绩以百分制与等级制结合的方式呈现,由两部分组成:过程性评价(40 分)、终结性评价(60 分)。

1.过程性评价

过程性评价成绩(40 分)=课堂表现(20 分)+课后锻炼情况(10 分)+过程测试成绩(10 分)。

过程性评价

评价内容		评价方式和标准	等级标准
课堂表现(20 分)	态度与参与(10 分)	10 分:积极参与课内外体育与健康活动,并认真接受教师指导。 8 分:较积极参与课内外体育与健康活动,能较认真接受教师指导。 6 分:能够参与课内外体育与健康活动。 2～4 分:极少参与课内外体育与健康活动,或者有迟到、早退现象。 0 分:旷课。	优秀(9～10 分) 良好(7～8 分) 合格(6 分) 不合格(5 分及以下)
	情意与合作(10 分)	10 分:乐于助人,敢于展示和表现自我,克服困难,坚持不懈,能为团队的成功积极主动地与同伴配合。 8 分:较好地表现出愿意帮助他人,愿意展示和挑战自我,克服困难,坚持不懈,能为团队的成功配合同伴。 6 分:有帮助他人、展示和挑战自我、克服困难、团结合作等表现。 2～4 分:缺乏帮助他人、展示自我和挑战自我、克服困难、团结合作等表现。 0 分:旷课。	优秀(9～10 分) 良好(7～8 分) 合格(6 分) 不合格(5 分及以下)

续表

评价内容	评价方式和标准	等级标准
课后锻炼情况（10 分）	课后锻炼的次数（4 分）	优秀（9～10 分） 良好（7～8 分） 合格（6 分） 不合格（5 分及以下）
	锻炼的态度（3 分）	
	锻炼的方法（3 分）	
过程测试成绩（10 分）	单元测试（5 分）	参考《国家学生体质健康标准》的测试方法和标准
	期中考试成绩（5 分）	

2.终结性评价

学期末测试内容由身体素质和技能项目两部分组成。终结性评价成绩（60 分）＝体能成绩（40 分）＋技能成绩（20 分）。体能评价标准参考《国家学生体质健康标准》中的测试标准。

3.学期成绩

学期成绩＝过程性评价成绩＋终结性评价成绩。

4.评价建议

评价建议

评价内容及要点		评价方式
知识	体育与健康理论知识	课堂上随机提问，即时评价
技能	1.根据本学期所学的运动项目的内在规律。 2.评价技术动作的质量。 3.通过某个运动项目某个技术、一类技术以及多种技术组合来进行评价。	1.参考《国家学生体质健康标准》的测试方法和标准。 2.定量和定性相结合的方式。 3.模糊量化评价方式。
体能	1.心肺耐力、力量、柔韧、身体成分、速度、灵敏。 2.通过多种趣味体能练习方式的组合形成综合体能进行评价。	1.参考《国家学生体质健康标准》的测试方法和标准。 2.量化评价方式。
态度与参与	1.体育课着装是否规范。 2.是否积极参与课内外体育与健康活动，并认真接受教师指导。	1.以师评为主，自评和互评为辅。 2.课堂上随机提问，即时评价。

续表

<table>
<tr><th colspan="2">评价内容及要点</th><th>评价方式</th></tr>
<tr><td>情意与合作</td><td>1.在体育活动中果断作出决策行为的表现。
2.应对挫折或失败的情绪和行为表现。
3.在集体性体育活动中处理个人与集体关系的表现。
4.平时在体育活动和比赛中的道德表现。</td><td>1.以师评为主，自评和互评为辅。
2.课堂上随机提问，即时评价。</td></tr>
</table>

附：体育与健康学期学生评价表

<table>
<tr><td></td><td colspan="2">评价内容</td><td colspan="2">项目评分</td><td>综合评分</td></tr>
<tr><td rowspan="7">过程性评价</td><td rowspan="2">课堂表现（20 分）</td><td>态度与参与（10 分）</td><td colspan="2"></td><td rowspan="2"></td></tr>
<tr><td>情意与合作（10 分）</td><td colspan="2"></td></tr>
<tr><td rowspan="3">课后锻炼情况（10 分）</td><td>课后锻炼的次数（4 分）</td><td colspan="2"></td><td rowspan="3"></td></tr>
<tr><td>锻炼的态度（3 分）</td><td colspan="2"></td></tr>
<tr><td>锻炼的方法（3 分）</td><td colspan="2"></td></tr>
<tr><td rowspan="2">过程测试成绩（10 分）</td><td>单元测试（5 分）</td><td colspan="2"></td><td rowspan="2"></td></tr>
<tr><td>期中考试成绩（5 分）</td><td colspan="2"></td></tr>
<tr><td rowspan="5">终结性评价</td><td rowspan="3">体能</td><td>项目</td><td>体能 1（20 分）</td><td>体能 2（20 分）</td><td rowspan="3"></td></tr>
<tr><td>成绩</td><td></td><td></td></tr>
<tr><td>分数</td><td></td><td></td></tr>
<tr><td rowspan="2">知识与技能</td><td>项目</td><td>知识与技能1（10 分）</td><td>知识与技能2（10 分）</td><td rowspan="2"></td></tr>
<tr><td>评定分数</td><td></td><td></td></tr>
<tr><td rowspan="2">学期评价</td><td rowspan="2">评语</td><td colspan="2" rowspan="2">签名：</td><td>总分</td><td></td></tr>
<tr><td>等级</td><td></td></tr>
<tr><td>备注</td><td colspan="5"></td></tr>
</table>

1.评价指标

评价指标由动作的规范性和测试成绩两项构成。

2.评价方式及结果处理(具体指标)

评价方式:

(1)动作的规范性:动作准确、到位。

(2)学生体测评价标准:评定等级为“优秀”“良好”“及格”“待提高”(附有评价标准)。

小学一、二年级男生评分标准

	单项得分	50米跑(秒)	25米×2往返跑(秒)	立定跳远(米)	投沙包(米)	坐位体前屈(厘米)	跳绳(次/1分钟)	踢毽子(次/30秒)
优秀	100	9.4	9.8	1.56	23.6	12.4	140	45
	98	9.5	10.0	1.55	22.3	12.1	134	43
	96	9.6	10.3	1.54	20.5	11.6	124	40
	94	9.7	10.6	1.53	18.6	11.2	115	38
	92	9.8	11.0	1.51	16.0	10.6	103	34
	90	9.9	11.4	1.49	13.5	10.0	90	30
良好	87	10.1	11.5	1.47	12.9	9.4	86	29
	84	10.5	11.8	1.43	11.9	8.5	81	28
	81	10.8	12.0	1.39	10.9	7.6	75	26
	78	11.3	12.3	1.35	9.6	6.4	68	24
	75	11.8	12.5	1.30	8.4	5.3	60	22
及格	72	11.9	12.8	1.27	7.9	4.6	56	21
	69	12.1	13.2	1.23	7.3	3.5	51	20
	66	12.2	13.6	1.19	6.7	2.5	45	19
	63	12.4	14.1	1.13	5.9	1.1	38	17
	60	12.6	14.6	1.07	5.0	−0.3	30	15
待提高	50	12.7	15.0	1.06	4.8	−0.9	28	14
	40	12.9	15.7	1.03	4.5	−1.7	24	12
	30	13.0	16.4	1.00	4.1	−2.5	20	10
	20	13.2	17.3	0.97	3.7	−3.7	15	8
	10	13.4	18.2	0.93	3.2	−4.8	10	5

小学一、二年级女生评分标准

	单项得分	50米跑（秒）	25米×2往返跑（秒）	立定跳远（米）	投沙包（米）	坐位体前屈（厘米）	跳绳（次/1分钟）	踢毽子（次/30秒）
优秀	100	9.9	10.1	1.47	21.6	15.1	145	40
	98	10.0	10.3	1.46	20.1	14.9	138	38
	96	10.1	10.6	1.44	17.9	14.5	128	35
	94	10.2	11.0	1.43	15.7	14.1	118	33
	92	10.3	11.4	1.40	12.8	13.5	104	29
	90	10.5	11.9	1.38	9.9	13.0	90	25
良好	87	10.7	12.0	1.36	9.4	12.3	86	24
	84	11.1	12.3	1.32	8.6	11.3	81	22
	81	11.5	12.5	1.29	7.8	10.2	75	20
	78	12.0	12.7	1.25	6.8	8.9	68	18
	75	12.5	13.0	1.20	5.7	7.5	60	15
及格	72	12.6	13.3	1.18	5.4	6.7	56	14
	69	12.7	13.7	1.14	5.0	5.5	51	13
	66	12.9	14.1	1.10	4.6	4.4	45	12
	63	13.0	14.6	1.05	4.0	2.8	38	11
	60	13.2	15.1	0.99	3.5	1.2	30	9
待提高	50	13.3	15.3	0.98	3.3	0.8	28	8
	40	13.5	15.7	0.95	3.1	0.1	24	7
	30	13.7	16.0	0.92	2.9	−0.5	20	6
	20	13.9	16.5	0.89	2.6	−1.4	15	5
	10	14.1	17.0	0.86	2.4	−2.3	10	3

（七）课程资源

教材、课件、网络资源、材料、教案。

二、二年级下学期运动技能课程纲要

课程名称：小学体育运动技能
课程类型：必修课程
教学材料：《体育与健康1至2年级》全一册（人民教育出版社）
授课时间：40课时
授课对象：二年级

（一）课程背景

1.教材分析

体育与健康课程标准提出以学生为主体，注重激发他们的兴趣与爱好，尊重他们的情感与体验，给学生充分的时间参与体育活动。因此，体育课堂教学不在于传授本领，而在于使学生掌握学习的方法和健身的本领。为了实现这一目的，我根据二年级学生的生理及心理特点，结合我校“自主—分项”式体育教学的思路进行教学，情境教学始终贯穿本课。通过活动既达到热身的目的，又充分调动了孩子们的练习积极性，提高了其想象力，为下一步的学习奠定了良好的基础。

2.学情分析

二年级的学生对游戏有浓厚的兴趣，对内容丰富、形式多样的体育课渴望而迷恋。他们的注意力易分散，教师在教学方法和手段上应尽量避免或减少干扰力，易采取直观性教学，他们的空间知觉能力差，要借助教师的语言、手势或具体参照物加以引导，帮助学生认识体位关系或活动方位。二年级的学生喜欢参加集体活动，但是自控力差，教师在进行组织教学的时候应尽量多组织集体活动。他们对老师高度信任，喜欢得到老师的表扬，教师在学生面前可对学生的进步进行鼓励表扬。

（二）课程标准

（1）通过学习，学生掌握和学会应用基本的体育与健康知识，增强体能。

（2）培养学生坚强的意志品质，使其学会调控情绪，形成合作意识和能力，具有良好的体育道德，增强安全意识和防范能力。

（3）提高对个人健康和群体健康的责任感，形成健康的生活方式。

（4）发扬体育精神，形成积极进取、乐观开朗的生活态度。

（三）课程目标

（1）引导学生积极参加体育活动，具有积极参与体育活动的态度和行为，用科学的方法参与体育活动。通过各项体育活动，学生能获得运动技能和健康知识，体验专项运动技术与技能，培养学生科学锻炼身体和自我保护的方法。

（2）引导学生通过体育教学活动，形成正确的动作姿势和良好的身体形态，通过多种形式的游戏发展身体灵敏、协调、平衡、速度、耐力和力量等体能。学会通过体育活动等方法调控情绪，形成克服困难的坚强意志品质。

(3)引导学生在学与练的过程中，具有关注身体和健康的意识，懂得营养、环境和不良行为对身体健康的影响。

(4)引导学生和谐处理人际关系，具有良好的合作精神和体育道德，将体育精神融入实际生活中。

(四)课程内容

二年级下学期课程内容

	学习内容	课时
第 1 周	1.小学春季传染病防治；2.立正、稍息、看齐、报数；3.向左(右)转、集合、解散；4.游戏：快快集合	2
第 2 周	1.队列队形；2.游戏；3.队列队形；4.头顶沙袋走和游戏	2
第 3 周	1.队列队形；2.50 米快速跑；3.接力跑；4.游戏	2
第 4 周	1.跳跃：跨步跳；2.跳单双圈；3.圆圈接力跑	2
第 5 周	1.立定跳远；2.游戏：青蛙跳争先赛；3.体育健康知识	2
第 6 周	1.复习立定跳远；2.游戏：跳单双圈；3.跑几步跳入沙坑	2
第 7 周	1.各种方式抛接轻物；2.游戏：抛接比稳；3.游戏：跳单双圈	2
第 8 周	1.单手持轻物掷远；2.游戏：我是投远小战士；3.游戏：比比谁投得准	2
第 9 周	1.50 米快速跑测试；2.游戏：比比谁投得准	2
第 10 周	1.耐久跑；2.游戏：拍球跑；3.游戏：丢手绢	2
第 11 周	1.技巧：团身滚动；2.游戏：仿生动作；3.前滚翻；4.游戏：50 米迎面接力比赛	2
第 12 周	1.前滚翻；2.韵律活动；3.各种姿势起跑	2
第 13 周	跳绳：1.不同方式地跳短绳；2.原地并脚跳长绳	2
第 14 周	1.原地并脚跳长绳；2.原地依次跳长绳	2
第 15 周	1.韵律活动；2.舞蹈	2
第 16 周	1.游戏：小篮球；2.走跑交替	2
第 17 周	1.游戏：老鹰捉小鸡；2.游戏：单双脚跳圈	2
第 18 周	1.跳小绳；2.游戏：十字接力	2
第 19 周	1.跳长绳；2.游戏：小沙包投远比赛	2
第 20 周	1.测试：一分钟跳绳；2.游戏：穿越时光隧道	2

(五)课程实施建议

1.教学方式

(1)直观教学。教师结合教学内容,设置学生探究、交流的问题,即通过感觉器官以直接或间接的方式来学习和掌握体育知识、技术、技能的教学方法。在教学中以教师示范为主要方法,并与其他直观方法予以配合。

(2)讲解示范。教学中精讲多练,讲练结合,教学中收放结合,自我锻炼,调动学生的学习主动性、积极性。

完整教学法—分解教学法—完整教学法:从动作的开始到结束,不分部分和段落,完整、连续地进行教学和练习;再从掌握完整动作出发,把完整的动作按其技术结构分成几段或按身体活动的部位分成几个部分,逐段或按部分进行教学和练习,最后完整地掌握动作。

(3)游戏化教学法。在教学过程中,采取各种各样游戏教学的形式来使学生进行学习并培养多方面能力的教学方法。这一方法突出了学生在教学中的主体地位,强调情感和活动因素在教学中的作用。体育游戏以它特有的活动形式吸引着儿童,能使学生在活动中充分表现个人的品质和活动能力。运用“游戏化”教学使学生对体育产生浓厚兴趣,积极主动地参与到课堂教学中来,并促进学生的思维活动,促进学生智力的发展,使学生既能广泛地获取运动知识,又能体验运动乐趣,提高运动技能,从而提高体育课堂教学质量。

2.学习方式

(1)小组合作学习,以小组合作和同伴互助合作等方式完成活动。

(2)游戏比赛法,借助标志物强化训练法。

3.课时安排

每周 2 课时。

4.课外拓展性练习

(1)课堂拓展练习:主要通过小组练习、交流、展示、评比等途径来实现。

(2)课后拓展练习:主要通过看视频、参加比赛、观看比赛进一步巩固提高自己的动作技术水平。

(六)课程评价

1.评价指标

评价指标由动作的规范性和测试成绩两项构成。

2.评价方式及结果处理(具体指标)

(1)动作的规范性:动作准确、到位。

（2）学生体测评价标准：评定等级为“优秀”“良好”“及格”“待提高”（附有评价标准）。

小学一、二年级男生评分标准

	单项得分	50米跑（秒）	25米×2往返跑（秒）	立定跳远（米）	投沙包（米）	坐位体前屈（厘米）	跳绳（次/1分钟）	踢毽子（次/30秒）
优秀	100	9.4	9.8	1.56	23.6	12.4	140	45
	98	9.5	10.0	1.55	22.3	12.1	134	43
	96	9.6	10.3	1.54	20.5	11.6	124	40
	94	9.7	10.6	1.53	18.6	11.2	115	38
	92	9.8	11.0	1.51	16.0	10.6	103	34
	90	9.9	11.4	1.49	13.5	10.0	90	30
良好	87	10.1	11.5	1.47	12.9	9.4	86	29
	84	10.5	11.8	1.43	11.9	8.5	81	28
	81	10.8	12.0	1.39	10.9	7.6	75	26
	78	11.3	12.3	1.35	9.6	6.4	68	24
	75	11.8	12.5	1.30	8.4	5.3	60	22
及格	72	11.9	12.8	1.27	7.9	4.6	56	21
	69	12.1	13.2	1.23	7.3	3.5	51	20
	66	12.2	13.6	1.19	6.7	2.5	45	19
	63	12.4	14.1	1.13	5.9	1.1	38	17
	60	12.6	14.6	1.07	5.0	−0.3	30	15
待提高	50	12.7	15.0	1.06	4.8	−0.9	28	14
	40	12.9	15.7	1.03	4.5	−1.7	24	12
	30	13.0	16.4	1.00	4.1	−2.5	20	10
	20	13.2	17.3	0.97	3.7	−3.7	15	8
	10	13.4	18.2	0.93	3.2	−4.8	10	5

小学一、二年级女生评分标准

	单项得分	50米跑（秒）	25米×2往返跑（秒）	立定跳远（米）	投沙包（米）	坐位体前屈（厘米）	跳绳（次/1分钟）	踢毽子（次/30秒）
优秀	100	9.9	10.1	1.47	21.6	15.1	145	40
	98	10.0	10.3	1.46	20.1	14.9	138	38
	96	10.1	10.6	1.44	17.9	14.5	128	35
	94	10.2	11.0	1.43	15.7	14.1	118	33
	92	10.3	11.4	1.40	12.8	13.5	104	29
	90	10.5	11.9	1.38	9.9	13.0	90	25
良好	87	10.7	12.0	1.36	9.4	12.3	86	24
	84	11.1	12.3	1.32	8.6	11.3	81	22
	81	11.5	12.5	1.29	7.8	10.2	75	20
	78	12.0	12.7	1.25	6.8	8.9	68	18
	75	12.5	13.0	1.20	5.7	7.5	60	15
及格	72	12.6	13.3	1.18	5.4	6.7	56	14
	69	12.7	13.7	1.14	5.0	5.5	51	13
	66	12.9	14.1	1.10	4.6	4.4	45	12
	63	13.0	14.6	1.05	4.0	2.8	38	11
	60	13.2	15.1	0.99	3.5	1.2	30	9
待提高	50	13.3	15.3	0.98	3.3	0.8	28	8
	40	13.5	15.7	0.95	3.1	0.1	24	7
	30	13.7	16.0	0.92	2.9	−0.5	20	6
	20	13.9	16.5	0.89	2.6	−1.4	15	5
	10	14.1	17.0	0.86	2.4	−2.3	10	3

（七）课程资源

教材、课件、网络资源、材料、教案。

第二节　篮球学期课程纲要

一、四年级上学期篮球课程纲要

课程名称：小学篮球

课程类型：必修课

教学材料：《体育与健康 3 至 4 年级》全一册（人民教育出版社）

授课时间：15 课时

授课对象：四年级学生

（一）课程背景

1.学情分析

四年级是小学生形成自信心的关键期。他们更容易产生兴奋感、自豪感，对自己充满信心；有的还表现出强烈的自我确定、自我主张，对自己评价偏高，甚至有时“目空一切”，容易导致自负的心理。四年级学生由于生活经验不足，容易产生紧张的情绪，自我调节能力比较差，难以释放心理压力，这样就容易使他们的心情变坏。他们喜欢与伙伴共同游戏、学习，但情绪很不稳定，容易激动、冲动，常为一点小事面红耳赤，而且情绪变化极大，并且表露在外，心情的好坏大多数从脸上一望便知。这就要求我们要有敏锐的洞察力，发现问题及时解决，并且在平日教学中加强小组合作，发扬团队精神，培养学生的集体荣誉感。从技术方面来讲，学生经过一、二、三年级的篮球学习，对小篮球已经有了初步的认识并能做出篮球原地连续运球和一定高度、远度的抛接，这需要教师在上课的过程中设定适当的练习方式和游戏难度，为进一步学习与发展运动技能打下良好基础。

2.教材分析

小篮球是小学三、四年级球类教材的主要内容，是深受学生喜爱的体育活动。小学三、四年级的小篮球教学是在水平一阶段的基础上，突出篮球运动的游戏性、竞争性和集体性，激发学生参加篮球锻炼的兴趣，提高篮球活动能力，为水平三阶段小篮球运动技术的学习和运动能力的提高打下良好的基础。

3.学期目标

(1)通过学习,激发学生积极参与小篮球游戏的兴趣,并积极主动地参加篮球课学习,体验到成功的快乐。

(2)通过学习,学生了解并说出小篮球原地运球、行进间运球、双手胸前传接球的动作名称和术语以及动作方法。

(3)通过学习,学生能够掌握原地运球、行进间运球等篮球技能,发展学生的速度、力量、灵敏、协调等身体素质和对篮球的感知能力。

(4)培养学生在篮球游戏活动中不怕苦、坚持完成任务的精神,培养学生在篮球运动中保持良好的情绪,提高学生在篮球活动中乐于交流与合作、遵守篮球规则、规范自我篮球行为的能力。

(二)课程内容

1.教材内容分析

四年级上学期教材内容分析

	掌握的要求	动作方法	动作要点	教学建议
原地运球	能够在教师的指导下完成	运球时,两脚左右或前后开立,两膝弯曲,重心落在两腿之间,上体略前倾,五指自然分开,用手指和指根部位触球(掌心不触球),以肩为轴,同时上臂带动肘关节和小臂,通过手腕、手指用力按拍篮球上部,做出随球与迎球的动作,目视前方。	手指和指根触球,手腕、手指按拍篮球,伴有随球和迎球的动作。	1.教师通过启发式教学,引导学生积极思考问题,通过合作与探究,体会原地运球的手型、拍球位置、用力顺序及合适的击球时间等。 2.在大多数同学熟练完成的基础上,可以尝试原地体前左、右手的高、低组合运球,体会运球动作方法,没有完成的同学可以继续练习原来的运球技能。 3.教学中,要多利用小游戏提高学生的运球能力。如"看手指报数"。还可以做"运球比多"或"看谁运球时间长"等游戏。

续表

	掌握的要求	动作方法	动作要点	教学建议
行进间运球	选择教授	向前运球时，目视前方，上体稍前倾，以肘为轴，用力按拍球的后上方，同时后脚蹬地运球行进，球的落点在同侧脚的侧前方，跑动的步伐与球弹起的节奏协调一致。手、臂动作与原地运球相同。	按拍球的后上部位，使球向前上方弹起，跑动步伐与球弹起节奏协调一致。	1.问题引导，合作探究。让学生体验拍球位置不同，球弹起的方向变化，从而引出行进间运球拍球部位，体验行进间运球与原地运球的不同，加深学生对行进间运球的理解。 2.在教学中，可先在规定距离内，由走着运球，逐渐过渡到慢跑直线运球(看学生球性的熟练程度)。 3.根据学生掌握行进间运球动作的情况，再进行高低、直线、曲线等各种路线的慢速、较快速度的行进间运球。 4.教师要重视学生左、右手均衡练习，体验用不同的手进行行进间运球的动作感觉。 5.运用游戏方法，做曲线运球等游戏。

2.课时安排

四年级上学期课时安排

	学习内容	课时
篮球原地运球	原地左右手交叉运球	2
	原地高低运球	2
行进间运球	慢走行进间运球	2
	慢走行进间曲直线运球	2
	快走或跑动曲直线运球	2
篮球游戏	熟悉球性的绕环练习	1
	多种形式原地运球游戏	1
	穿越丛林曲直线运球接力	1
过程检测		2

注：根据学生实际练习情况和熟练程度，可以有针对性地对某一个内容加上1～2节课，并针对学生的身体素质和篮球基本步伐的要求，辅助一些基本身体练习。

（三）课程实施

1.课程资源

（1）《体育与健康 3 至 4 年级》全一册，人民教育出版社 2012 年版。

（2）《体育与健康教育小学四年级》上册，西苑出版社 2017 年版。

2.课程评价

本学期的课程评价由过程性评价和结果性评价两部分组成，成绩以百分制呈现，过程性评价占 30％，结果性评价占 70％。

（1）过程性评价（30％）

过程性评价

	评价要素	评价等次（分值）
出勤率	能按时参加篮球课学习，不迟到，不无故请假。	1.能积极按时参加篮球课学习，上课不迟到，不无故请假。（15 分） 2.能按时参加篮球课学习，上课不迟到，有 2～3 次请假。（10 分） 3.能按时参加篮球课学习，有迟到现象，有 3 次以上不合理请假。（5 分）
课堂表现	积极参加篮球课学习，能独立完成任务，在学习中乐于交流，互相帮助，遵守课堂纪律。	1.积极参加篮球课学习，能独立完成任务，在学习中乐于交流，互相帮助，遵守课堂纪律。（15 分） 2.能参加篮球课学习，能在帮助下完成任务，在学习中乐于交流，互相帮助，基本遵守课堂纪律。（10 分） 3.能参加篮球课学习，能在帮助下基本完成任务，在学习中能交流、互相帮助，基本遵守课堂纪律。（5 分）

过程性评价（30 分）＝ 课堂出勤率（15 分）＋ 课堂表现（15 分）。

（2）结果性评价（70％）

以每节课的评价（满分 100 分）之和/课时数的 70％计入。

结果性评价

	评价要素	评价等次（分值）
原地左右手交叉运球（教师课堂评价，不计入学生评价）	1.学生能说出原地运球的动作名称和术语。 2.能运用正确的手型，用力柔和，连续运球多少次以上。	1.学生能说出原地运球的动作名称和术语（10 分）。 2.能运用正确的手型，用力柔和，连续运球 30 次以上为 80～90 分。 连续运球 20～29 次以上为 65～79 分。 连续运球 10～19 次以上为 50～64 分。 连续运球 10 次以上为欠练习（50 分以下）。

续表

	评价要素	评价等次(分值)
原地运球	1.学生能说出原地运球的动作名称和术语。 2.能运用正确的手型,用力柔和,连续进行运球多少次以上。	1.学生能说出原地运球的动作名称和术语10分。 能运用正确的手型,用力柔和,在规定时间内连续进行运球, 运球40次以上的为80～90分。 运球30～39次为65～79分。 运球20～29次为50～64分。 运球20次以下为欠练习(50分以下)。
慢走行进间运球(教师课堂评价,不计入学生评价)	1.学生能说出行进间运球的动作名称和术语。 2.能运用正确姿势,用力柔和,连续运球多少秒以上不丢球。	1.学生能说出行进间运球的动作名称和术语10分。 能运用正确姿势,用力柔和,连续运球。 15秒以内为80～90分。 15～20秒之内为65～79分。 20～25秒之内为50～64分。 25秒以上为50分以下。
慢走行进间曲直线运球(教师课堂评价,不计入学生评价)	1.学生能说出行进间曲直线运球的动作名称和术语。 2.能运用正确的姿势,在规定时间内完成一定距离的曲直线运球。	1.学生能说出行进间曲直线运球的动作名称和术语(10分)。 2.能运用正确的姿势,在规定时间内完成一定距离的曲直线运球。 15秒之内为80～90分。 15～20秒之内为65～79分。 20～25秒之内为50～64分。 25秒以上为50分以下。
行进间运球	能运用正确的姿势,在规定时间内完成一定距离的曲直线运球。	能运用正确的姿势,在规定时间内完成一定距离的曲直线运球。 15秒之内为80～90分。 15～20秒之内为65～79分。 20～25秒之内为50～64分。 25秒以上为50分以下。
熟悉球性的绕环练习(教师课堂评价,不计入学生评价)	1.能说出球绕环部位。 2.规定部位绕环多少次以上。	1.能说出球绕环部位(10分)。 2.规定部位绕环多少次以上不失误。 绕环10次及以上为80～90分。 绕环8～9次为65～79分。 绕环6～7次为50～64分。 绕环5次以下为50分以下。

续表

	评价要素	评价等次(分值)
多种形式原地运球游戏(教师课堂评价,不计入学生评价)	会多少种姿势的原地运球。	会4种姿势的原地运球为90～100分。 会3种姿势的原地运球为75～89分。 会2种姿势的原地运球为60～74分。 会1种以下姿势的原地运球为60分以下。
穿越丛林曲直线运球接力(教师课堂评价,不计入学生评价)	通过同伴的互相努力,能多少秒完成一定距离的曲直线运球。	同伴的互相努力,能在150秒完成一定距离的曲直线运球为90～100分。 能在160～200秒完成一定距离的曲直线运球为75～89分。 能在200～250秒完成一定距离的曲直线运球为60～74分。 能在250秒以上完成一定距离的曲直线运球为欠练习(60分以下)。

(3)学期总评成绩结果呈现

学期总评以等次形式呈现,共分为四个等次,等次与分值的兑换如下:优秀(≥90分)、良好(75～89分)、及格(60～74分)、不及格(<60分)。

二、四年级下学期篮球课程纲要

课程名称:小学篮球

课程类型:必修课

教学材料:《体育与健康3至4年级》全一册(人民教育出版社)

授课时间:14课时

授课对象:四年级

(一)课程背景

1.学情分析

四年级学生虽然经过第一个学期的学习,对篮球课有了一定的认识,但学生还是年龄小,注意力不集中,活泼好动,兴趣难持久,依赖性强,自我约束能力差,体质普遍较弱,运动技术较差,因此教师要根据认知水平、运动能力、身心发展等特点,采用多种形式来进行教学,教学中要避免说教过多、过分强调技术要求。教师对篮球课要以"玩中乐、乐中学"的理念进行教学设计,教师要多用游戏教学和情景教学模式,抓住学生的兴趣,从学生的直观入手,让学生感到篮球活动和篮球课的乐趣，这样才能起到事半功倍的效果。通过四年级之前的篮球课的学习，学生已经初步学习了篮球的基本技术，但是学生的球性还不是很好，还需要多接触篮球，多玩篮球，原地拍球的动作熟练度也不是很高，部分学生还不能熟练地完成多种姿势拍球，这也要求我们在本学期的篮球教学中，要加强球性的练习和原地拍球练习，通过游戏化的方式向球性熟练化方向发展。

2.教材分析

小学的球类活动，都是一些最简单的动作方法和生活实用技能，易学易练，主要是要适应低年级学生动作发展的实际，尽量使学生在游戏中感受球类运动的快乐，获取一些球类运动的初步知识和方法。在此基础上要继续培养学生的兴趣，变化多种游戏教学，改变或者提高一些球类游戏的难度，适应学生认知和发展的需要。

3.学期目标

(1)运用篮球游戏或者情景教学的方式激发学生积极参与篮球学习的兴趣，并积极主动地参加篮球课学习。

(2)学生知道篮球游戏中原地拍球、投球进筐、投活动篮的动作术语。并能在教师引导下说出动作名称和动作方法。

(3)通过小篮球游戏学习，教师引导学生在游戏活动中熟悉球性，培养球感，提高对球的控制能力和判断能力，发展学生灵敏、协调、速度和力量等素质。

(4)培养学生在新的环境中愉快地进行篮球活动和篮球游戏，形成与同伴交流、分享、合作、遵守规则的意识。

(三)课程内容

1.教材内容分析

四年级下学期教材内容分析

	掌握的要求	动作方法	动作要点	教学建议
原地拍球比多	掌握	自然姿势站立，双腿微屈，上体稍前倾，抬头原地进行拍球动作练习，看谁拍的次数多。	动作柔和，手指张开，抓压结合拍球。	1.在学生基本会拍球的基础上，通过拍球数量的增多来进一步熟悉球性，巩固提高控球、拍球能力。 2.可采用计时或者计次数练习。 3.可用单双手拍球比赛。 4.拍球时可随意移动。

续表

	掌握的要求	动作方法	动作要点	教学建议
投篮进筐游戏	基本掌握	双手持小篮球于体前，双腿微屈开立，然后双脚蹬地，双手将球投入前面的篮筐内。	持球于体前，手指自然分开，掌心空出，最后用腕指将球投出。	1.可采用由下向上的投篮的方法，让学生体会全身用力的过程。 2.可用大筐、近篮提高命中率，增强学生兴趣和信心。 3.可体会多种姿势投篮，如单手、双手等姿势。 4.可提高篮筐高度、大小等。 5.可用投篮比赛激发学生兴趣。
投活动篮游戏	了解内容	一人用双手持呼啦圈或者铁环代替活动篮，二人一攻一守看准投得准。	两人配合，投篮者判断准确，持篮人主动接球。	1.此项练习是在学生投球进筐游戏的基础上进行的，发展学生的判断力，提高投球的准确性。 2.培养学生的合作交流意识与乐于和同伴玩耍的态度。

2.课时安排

四年级下学期课时安排

	学习内容	课时
原地拍球比多	复习多种形式拍球	3
	左右手连续多次拍球	2
	拍球高度和速度练习	2
投活动篮游戏	双手姿势投活动篮游戏	1
	多种姿势投活动篮游戏	1
投球进筐游戏	双手胸前投篮进筐游戏	1
	多种姿势投篮进筐游戏	1
	多种姿势不同高度投篮进筐游戏	1
过程检测		2

注：根据学生实际练习情况和熟练程度，可以有针对性地对某一个内容增加1～2节课，并针对学生的身体素质状况，增加一些学生的体能练习。

（四）课程实施

1.课程资源

（1）《体育与健康3至4年级》全一册，人民教育出版社2012年版。

(2)《体育与健康教育小学四年级》上册，西苑出版社 2017 年版。

2.课程评价

本学期的课程评价由过程性评价和结果性评价两部分组成，成绩以百分制呈现，过程性评价占 30%，结果性评价占 70%。

(1)过程性评价(30%)

过程性评价(30 分)= 课堂出勤率(15 分)+ 课堂表现(15 分)。

过程性评价

	评价要素	评价等次(分值)
出勤率	能按时参加篮球课学习，不迟到，不无故请假。	1.能积极按时参加篮球课学习，上课不迟到，不无故请假。(15 分) 2.能按时参加篮球课学习，上课不迟到，有 2～3 次请假。(10 分) 3.能按时参加篮球课学习，有迟到现象，有 3 次以上不合理请假。(5 分)
课堂表现	积极参加篮球课学习，能独立完成任务，在学习中乐于交流，互相帮助，遵守课堂纪律。	1.积极参加篮球课学习，能独立完成任务，在学习中乐于交流，互相帮助，遵守课堂纪律。(15 分) 2.能参加篮球课学习，能在帮助下完成任务，在学习中乐于交流，互相帮助，基本遵守课堂纪律。(10 分) 3.能参加篮球课学习，能在帮助下基本完成任务，在学习中能交流，互相帮助，基本遵守课堂纪律。(5 分)

(2)结果性评价(70%)

以每节课的评价(满分 100 分)之和/课时数的 70%计入。

结果性评价

	评价要素	评价等次(分值)
原地拍球	一次连续拍球个数的多少。	能运用正确的手型，用力柔和，在规定时间内连续进行拍球。一次连续完成拍球个数能在 70 以上的为 90～100 分，拍球个数能在 60 次以上的为 75～89 分，拍球个数能在 50 次以上的为 60～74 分，拍球个数在 50 次以下的需加强练习(60 分以下)。
双手姿势投活动篮游戏	两人一组，在规定次数和距离的条件下，能投进多少球。	在 2 米距离内投 10 次，投进 8 个及以上为 90～100 分，投进 6 个及以上为 75～89 分，投进 5 个为 60～74 分，投进 5 个以下为 60 分以下。

(3)学期总评成绩结果呈现

学期总评以等次形式呈现，共分为四个等次，等次与分值的兑换如下：优秀

(≥ 90 分)、良好(75～89 分)、及格(60～74 分)、不及格(< 60 分)。

三、五年级上学期篮球课程纲要

课程名称:小学篮球

课程类型:必修课

教学材料:《体育与健康 5 至 6 年级》全一册(人民教育出版社)

授课时间:17 课时

授课对象:五年级

(一)课程背景

1.学情分析

我校学生大部分是独生子女。比较乐于参与体育活动,并乐于向同伴展示运动动作,他们模仿能力强、好奇心强、依赖性强,但是自我约束能力差,绝大多数同学已经具备了较强的社会适应能力,能在集体活动中和他人团结合作,完成活动任务。学生有极大的体育学习热情,学生作为学习的主体,又具有其独立性。如果我们在教学中给学生一个充分展示自我的舞台,学生就完全可以从“要我学”转变为“我要学”,在学习活动中表现出应有的主动性和积极性。但是,小学生心理因素还处于不稳定的阶段,注意力不易长时间集中,因此,我们在教学中要注意创设接近学生生活经验、符合学生心理特点的教学情境,采用多种形式的教学方法和变换练习方式来吸引学生的注意力,激发学生兴趣以保证教学活动的顺利进行。在教学中应积极创造条件,放手让学生独立自主地进行探索。

2.教材分析

根据小学五年级学生身心发育特点,水平三阶段小篮球的教材内容以原地运球、原地双手传接球和双手胸前投篮的基本技术为主,各种小篮球能力练习和篮球游戏为辅,将小篮球活动能力练习、小篮球游戏与小篮球的基本技术有机地结合,以促进学生篮球运动能力的提高。小篮球教学活动对于培养小学生的学习兴趣,发展体能,提高对球体的感知以及人与球体的距离感、空间感速度感等能力,培养果敢、机敏、顽强等心理品质,对培养挫折意识和调节情绪能力以及团队协作等集体主义精神具有重要价值。

3.学期目标

(1)通过学习,激发学生积极参与小篮球游戏的兴趣,并积极主动地参加篮球课学习,体验到成功的快乐。

（2）通过学习，学生能说出小篮球双手胸前传接球、双手胸前投篮的动作术语和含义。

（3）通过学习，学生能初步完成小篮球双手胸前传接球、双手胸前投篮的基本动作方法。发展学生的速度、耐力、力量、灵敏等身体素质。

（4）培养学生在篮球活动中不怕苦、坚持完成任务的精神，培养学生在篮球活动中保持良好的情绪，提高学生在篮球活动中乐于交流与合作、遵守篮球规则、规范自我篮球行为的能力。

（二）课程内容

1.教材内容分析

五年级上学期教材内容分析

	掌握的要求	动作方法	动作要点	教学建议
原地双手胸前传、接球	基本掌握	两臂垂肘持球于胸前，眼看传球目标。传球时，两脚蹬地，膝关节蹬伸，身体重心前移，两臂迅速向传球方向伸出，两手翻腕、拨指将球传出。接球时，两臂自然向前伸出迎球，手指向前自然张开，两拇指成“八”字形，当球触手后，两臂随球将球持于胸腹间。	翻腕、拨指传出球；两臂前伸迎接球，顺势接球引向后。	1.通过小组合作探究模式，通过教师引导，有抛接球向双人传接球过渡，如何将以前学过的双人抛接球转变为更加快速直接的双人传接球。 2.教师讲解示范，帮助学生理解动作方法，通过徒手模仿原地双手胸前传、接球动作，体会传接球的动作要领。 3.采用引导或者小组合作模式，引导学生如何传得准，并且不失误，培养学生双人或者多人的团队意识和默契。 4.两人一组，面对面进行一定距离（3～4米为宜）的传、接球练习，通过相互纠正帮助，完善手型、上下肢的配合等动作。 5.“三角传球游戏”，学生三人一组，站成相应队形，依次传接球，在规定时间内传球次数多的小组为胜。 6.迎面传、接球比赛，学生分若干小组，以传接球快、不掉球的小组为胜。 7.“抢断球”游戏。若干学生围成一个圈，2～3个学生在中间，抢断外围传接的球，在发展学习兴趣的同时，提高传接球的运用能力。

续表

	掌握的要求	动作方法	动作要点	教学建议
原地双手胸前投篮	掌握	双手持球于胸前，两脚前后开立，两膝微曲，右脚跟提起重心稍前移；投篮时，两眼瞄准篮圈，两臂随着腿的蹬伸用力及身体的伸展，由胸前向前上方伸出，大拇指稍用力，手掌稍向外翻，两手均匀用力，全身动作协调一致，将球投出。	瞄准篮圈，两脚蹬地，上体伸展，伸直两臂，手腕外翻。	1.通过小组合作探究模式，通过教师引导，有抛接球向投篮转变，体会如何才能用合适的方法将球投进篮筐，在力量等身体因素达不到单手投篮的情况下如何用双手投篮。 2.教师通过讲解示范，帮助学生理解两臂屈肘于胸前，手指自然分开，两拇指成“八”字形，掌心空出的动作方法，持球模仿、体会投篮动作。 3.教学中两人一组，相对一定距离，尝试压腕、指尖拨球动作，并有一定的投篮高度。 4.尝试近距离定点投篮练习，打到篮板、篮筐或者投进得到相应的分数。 5.游戏，“定点投篮比准”。以小组为单位，在相互约定的时间内或约定的投篮线，投进数多的小组胜出。也可由学生自己画出投球距离，在规定时间内投中多者为胜。

2.课时安排

五年级上学期课时安排

	学习内容	课时
篮球原地运球	原地综合运球	1
行进间运球	行进间综合运球	2
双手胸前传、接球	原地胸前传接球	2
	运球急停传球	2
	综合运传结合	2
双手胸前投篮	原地双手胸前投篮	2
	运、传、投结合练习	1
篮球游戏	运球过障碍比赛	1
	篮球运投组合	2
过程检测		2

注：根据学生实际练习情况和熟练程度，可以有针对性地对某一个内容增加1～2节课。并针对学生的身体素质和篮球基本步伐的需求，辅助一些基本身体练习。

（三）课程实施

1.课程资源

（1）《体育与健康 5 至 6 年级》全一册，人民教育出版社 2012 年版。

（2）《体育与健康教育小学五年级》上册，西苑出版社 2017 年版。

2.课程评价

本学期的课程评价由过程性评价和结果性评价两部分组成，成绩以百分制呈现，过程性评价占 30％，结果性评价占 70％。

（1）过程性评价（30％）

过程性评价（30 分）＝ 课堂出勤率（15 分）＋ 课堂表现（15 分）

过程性评价

	评价要素	评价等次（分值）
出勤率	能按时参加篮球课学习，不迟到，不无故请假。	1.能积极按时参加篮球课学习，上课不迟到，不无故请假。（15 分） 2.能按时参加篮球课学习，上课不迟到，有 2～3 次请假。（10 分） 3.能按时参加篮球课学习，有迟到现象，有 3 次以上不合理请假。（5 分）
课堂表现	积极参加篮球课学习，能独立完成任务，在学习中乐于交流，互相帮助，遵守课堂纪律。	1.积极参加篮球课学习，能独立完成任务，在学习中乐于交流，互相帮助，遵守课堂纪律。（15 分） 2.能参加篮球课学习，能在帮助下完成任务，在学习中乐于交流，互相帮助，基本遵守课堂纪律。（10 分） 3.能参加篮球课学习，能在帮助下基本完成任务，在学习中能交流，互相帮助，基本遵守课堂纪律。（5 分）

（2）结果性评价（70％）

以每节课的评价（满分 100 分）之和/课时数的 70％计入。

结果性评价

	评价要素	评价等次（分值）
原地双手胸前传、接球	1.学生能说出原地双手胸前传、接球的动作名称和术语。 2.能运用正确的手型，协调用力连续传接球多少次以上。	1.学生能说出原地双手胸前传接球的动作名称和术语（10 分）。 2.能运用正确的手型，协调用力连续传接球， 传接球 15 次以上为 80～90 分。 传接球 10～14 次以内为 65～79 分。 传接球 5～9 次以内为 50～64 分。 传接球 5 次以下为欠练习（50 分以下）。

续表

	评价要素	评价等次(分值)
综合运传结合	1.学生能说出综合运传结合的动作名称和术语。 2.能快速运球到指定位置,并运用正确的传、接球动作,完成一定难度的传接球。	1.学生能说出综合运传结合的动作名称和术语(10 分)。 2.能快速运球到指定位置,并运用正确的传接球动作,完成一定难度的传接球。 20 秒以内的为 80~90 分。 20~25 秒以内 30~39 次为 65~79 分。 25~30 秒以内 20~29 次为 50~64 分。 30 秒以上为欠练习(50 分以下)。
原地双手胸前投篮	1.学生能说出原地双手胸前投篮动作名称和术语。 2.能运用正确姿势,在规定次数内,能投进多少个。	1.学生能说出原地双手胸前投篮动作名称和术语(10 分)。 2.能运用正确姿势,10 次投篮能投进,8 个以上的为 80~90 分。 6~7 个为 65~79 分。 4~5 个的为 50~64 分。 3 个及 3 个以下的为欠练习(50 分以下)。
运、传、投结合练习	1.学生能说出运、传、投组合练习的动作名称和术语。 2.能在规定距离和障碍下完成运、传、投动作。	1.学生能说出运传投组合练习的动作名称和术语(10 分)。 2.能在规定距离和障碍下完成运传投动作。 20 秒以内的为 80~90 分。 20~25 秒以内 30~39 次为 65~79 分。 25~30 秒以内 20~29 次为 50~64 分。 30 秒以上为欠练习(50 分以下)。

(3)学期总评成绩结果呈现

学期总评以等次形式呈现,共分为四个等次,等次与分值的兑换如下:优秀(≥ 90 分)、良好(75~89 分)、及格(60~74 分)、不及格(< 60 分)。

四、五年级下学期篮球课程纲要

课程名称：小学篮球

课程类型：必修课

教学材料：《体育与健康 5 至 6 年级》全一册（人民教育出版社）

授课时间：17 课时

授课对象：五年级

（一）课程背景

1.学情分析

学生处于敏感素质发展即将交替的阶段，速度、灵敏、柔韧等素质的最佳发展阶段快要过去，力量、耐力等素质的敏感期即将到来，是素质发展的大好时期，相应练习的容量要大。五年级学生属小学高年级，正处于身体发育的重要阶段，朝气蓬勃，思维活跃，有很强的求知欲和表现欲，对富有挑战和对抗的运动项目很喜欢，参加活动的动机还是以直接兴趣为目标，喜欢的活动都愿意参加。特是集体活动，非常乐于表现自己的才能，展示自身的价值。特别是男生在篮球运动方面表现更为强烈，女生相对弱一些，教学过程中需要教师耐心地鼓励和帮助她们。在这一阶段的教学中要尊重学生的正确意见，在教学中要注意选择多种多样的教学内容，运用灵活多样的教法手段，满足学生参与活动和学习的需要。对调皮和不守纪律的学生要注意用语和方式，这样才能更好地实现教学目标。

2.教材分析

本学期学习的对象是五年级学生，教材内容以传、接球和运球、投篮等几项基本技术为重点，以各种小篮球能力练习和篮球游戏为辅；以完整技术教学为主，单个动作为辅，将小篮球能力练习、小篮球游戏与小篮球的基本技术有机地结合，使学生能力和技术均得到提高。同时，注重加强篮球规则的渗透，使学生能够将所学的基本技术、简单战术及规则在活动中、比赛中灵活运用。

3.学期目标

（1）学生能够积极主动地参与小篮球的练习、游戏和比赛，并能体验小篮球活动的乐趣。

（2）能够说出所学小篮球基本技术的动作名称及术语，了解小篮球运动的基础知识，了解其锻炼价值及简单比赛规则。

（3）初步掌握和巩固小篮球的基本技术，并能够在篮球游戏及比赛中综合运用。提高学生的速度、力量、灵敏、协调等身体素质，发展学生体能。

（4）学生在小篮球游戏和比赛中能表现出承受挫折、勇于克服困难的意志品质及尊重对手、遵守规则、服从裁判的优良品质。

（三）课程内容

1.教材内容分析

五年级下学期教材内容分析

	动作方法	动作要点	教学建议
行进间双手胸前传、接球	与原地双手胸前传、接球的动作结构与方法基本相同，跑动中双手胸前传、接球是一个连贯动作，接、传球时手臂与脚步动作配合要协调，必须在中枢脚离地后又未落地前根据接球人的位置迅速、及时、准确地将球传出。	传球时，要求在中枢脚离地后、落地前，根据接球人的位置、跑动的速度，准确地将球传出。接球时，要求接球人跨步向前迎球。	1.小组合作讨论，引导学生从原地双手胸前传、接球向行进间双手胸前传、接球过渡，要提醒学生在传、接球时手脚配合要协调，尽量做到传球快、方向准、接球牢、持球稳。并在教学中要注意培养学生互助合作、团结友爱的优良品质。 2.教师要做示范讲解，强调接球人的位置、跑动的速度，准确地将球传出。接球时，要求接球人跨步向前迎球。 3.在教学时，主要抓手脚的协调配合，强调传、接球的默契配合，注意精讲多练。 4.教师可采取原地、走动、慢跑等教学步骤进行教学，等学生的传、接球技术熟练后再逐渐提高传、接球的跑动速度。 5.教师要采取多种方法的合作学习组织练习，如：一人原地传球，一人跑动中给信号要球，一人跑动中随时接球。
体前变向换手运球	右手运球向左侧变向突破时，突然改变球的方向，拍按球的右侧上方，使球从身体右侧弹向左前侧，右脚迅速向左侧前方跨出，上体左转、前倾并探肩，换左手拍按球的左后侧继续加速前进。	向左侧变向时，拍按球的右侧上方，把球运向身体的左前侧。向右侧变向时，拍按球的左侧上方，把球运向身体的右前侧；跨步、转体、前倾等动作协调连贯。	1.教学前先对学生的运球技术能力进行测试，不但便于教师了解学生的控球、运球能力，而且能使学生清楚自己的运球水平和能力，便于学生了解自己学习的进步程度。 2.教学时，先复习行进间运球，行进间运球先巩固直线运球再做体前变向换手运球。在练习过程中，要注意引导学生观察、体会两种运球技术的异同点，通过对比、分析，进一步明确体前变换手运球的动作要领及在比赛中的作用。 3.教学前多做提高控球、运球能力的练习。如左、右手的高运球和低运球，也可多做些行进间运球的游戏，如直线运球迎面接力赛、行进间单手曲线运球接力赛等。 4.教师要采用多种方法，增强练习的趣味性、激烈性、对抗性，激发学生的练习兴趣。如：一人固定位置防守，另一人左右变向运球突破防守等。 5.通过多种比赛提高学生的运球能力。 6.在游戏中运用此技术，并注重与传接球、投篮等技术动作有机结合，提高学生的实战运用能力。

2.课时安排

五年级下学期课时安排

	学习内容	课时
球感、球性训练	球感练习	1
	球感球性综合练习	1
行进间传接球	行进间双手胸前传球	2
	行进间运传结合练习	2
体前变向	原地左右手变向运球练习	1
	行进间双手变向练习	2
	运、传、投综合练习	2
篮球素质练习	篮球基本步法	1
	运、传、投、防守综合练习	1
	小组篮球赛	2
过程检测		2

注：根据学生的实际练习情况和熟练程度，可以有针对性地对某一个内容增加1～2节课。

(三)课程实施

1.课程资源

(1)《体育与健康5至6年级》全一册，人民教育出版社2012年版。

(2)《体育与健康教育小学五年级》下册，西苑出版社2017年版。

2.课程评价

本学期的课程评价由过程性评价和结果性评价两部分组成，成绩以百分制呈现，过程性评价占30％，结果性评价占70％。

(1)过程性评价(30％)

过程性评价(30分)＝课堂出勤率(15分)＋课堂表现(15分)。

过程性评价

	评价要素	评价等次(分值)
出勤率	能按时参加篮球课学习,不迟到,不无故请假。	1.能积极按时参加篮球课学习,上课不迟到,不无故请假。(15分) 2.能按时参加篮球课学习,上课不迟到,有2～3次请假。(10分) 3.能按时参加篮球课学习,有迟到现象,有3次以上不合理请假。(5分)
课堂表现	积极参加篮球课学习,能独立完成任务,在学习中乐于交流,互相帮助,遵守课堂纪律。	1.积极参加篮球课学习,能独立完成任务,在学习中乐于交流,互相帮助,遵守课堂纪律。(15分) 2.能参加篮球课学习,能在帮助下完成任务,在学习中乐于交流,互相帮助,基本遵守课堂纪律。(10分) 3.能参加篮球课学习,能在帮助下基本完成任务,在学习中能交流,互相帮助,基本遵守课堂纪律。(5分)

(2)结果性评价(70%)

以每节课的评价(满分100分)之和/课时数的70%计入。

结果性评价

	评价要素	评价等次(分值)
行进间传、接球	在规定距离内做行进间传、接球,以失误次数计分。	在整个篮球场内,从底线开始,往返行进间传、接球,失误次数3次及以内的为90～100分,4～5次以内的为75～89分,6～7次以内的为60～74分,8次以上的为欠练习(60分以下)。
体前变向	在规定距离、规定障碍中,用时越短,得分越高。	24米摆放6个宽1米的障碍物,学生运球往返跑,在20秒以内的为90～100分,在20～25秒内的为75～89分,在25～30秒内的为60～74分,在30秒以上的需加强练习(60分以下)。

续表

	评价要素	评价等次(分值)
运、传、投综合练习	在规定距离、规定障碍完成投篮,快速直线运球回到出发点。	在完成规定距离、规定障碍,并完成投篮,快速直线运球回到出发点。 30 秒以内的为 90～100 分,30～35 秒以内的为 75～89 分,35～40 秒以内的为 60～74 分,在 40 秒以上的需加强练习(60 分以下)。

(3)学期总评成绩结果呈现

学期总评以等次形式呈现,共分为四个等次,等次与分值的兑换如下:优秀(≥ 90 分)、良好(75～89 分)、及格(60～74 分)、不及格(< 60 分)。

第三节　跳绳学期课程纲要

一、一年级上学期跳绳课程纲要

课程名称:体育与健康

课程类型:必修课

教学材料:《体育与健康 1 至 2 年级》全一册(人民教育出版社)

授课时间:20 课时

授课对象:一年级

(一)课程背景

本学期课程内容根据天气情况、疫情、具体学情以及跳绳项目的难易程度分为四个单元进行教学。在教学过程中以学生为本,多以游戏和比赛进行教学。一年级学生年龄在 6 岁左右,体质普遍较弱,运动技术较差,注意力不易集中,纪律性差,活泼好动,兴趣难持久, 自我约束能力差。但学生对体育活动有一种好奇和新鲜感,他们模仿力强,不喜欢说教过多、技术要求过高的运动,对于直观的、易于模仿的教学内容感兴趣,尤其对新学技术动作的第一印象特别深,对体育的兴趣是从模仿开始的,并在愉快的体验中加深和发展。

(二)课程目标

(1)以健康第一为指导思想,根据体育课的特点和一年级学生的心理、身体素质,充分利用游戏、教学比赛等教学方法进行教学,使学生参与体育学习与锻炼，体验运动的乐趣与成功。

（2）学习跳绳运动知识，知道所学跳绳运动项目或体育游戏的名称或动作术语，体验跳绳运动过程并了解速度、节奏、方向等运动现象。能够较协调地做出并脚跳等动作，达到动作的基本技术要求等，并增强安全意识和防范能力。

（3）通过体育锻炼，培养坚强的意志品质，体验体育活动中的情绪变化，形成合作意识和提高合作能力，在体育活动中形成良好的体育道德。

（三）课程内容

1.课时安排

一年级上学期课时安排

所属专题	单元主题	学习内容	课时	备注
跳绳	基本握绳； 基本摇绳方法	预备动作，基本量绳、握绳、摇绳方法	1	
	个人花样跳绳	两脚并脚跳； 两脚依次跳； 开合跳； 弓步跳； 左右并脚跳； 勾脚点地跳	15	
	比赛	个人花样跳绳	2	
	训练测试	测试一学期内容	2	

2.课程计划

一年级上学期课程计划

单元	内容
第一周	预备动作，基本量绳、握绳、摇绳方法
第二周	两脚并脚跳
第三周	两脚并脚跳
第四周	两脚并脚跳
第五周	两脚并脚跳
第六周	两脚依次跳
第七周	两脚依次跳

续表

单元	内容
第八周	两脚依次跳
第九周	开合跳
第十周	开合跳
第十一周	开合跳
第十二周	弓步跳
第十三周	弓步跳
第十四周	左右并脚跳
第十五周	左右并脚跳
第十六周	勾脚点地跳
第十七周	勾脚点地跳
第十八周	勾脚点地跳
第十九周	个人花样跳绳比赛
第二十周	个人花样跳绳比赛

（四）实施建议

（1）适当地运用情景教学法，教师以生动的语言、事例、游戏进行兴趣引导，注重培养学生参与体育课堂活动的兴趣。如在教授双脚并脚跳的时候可以通过创设小青蛙捉害虫的情景培养学生的参与兴趣。

（2）教师要注重引导学生学会观察、善于观察、乐于观察，让学生带着问题去观察教师示范。如教师在进行基本摇绳练习示范时应该引导学生观察教师的两臂弯曲程度，肩、肘关节哪个部位动。在学会观察的基础上再进行大胆模仿练习，从而进行体验式模仿学习。

（3）寓教于“乐”，教学与游戏相结合，一定程度上淡化技能教学，尤其要避免教授单一技术动作，应从学生的兴趣爱好和教学内容出发，设计切合教学实际的体育游戏，以游戏的方式引领技能的学习。如在教授两脚依次跳的时候，可以采用游戏“跑跳绳”来提高学生的兴趣。

（4）教师要充分了解学生的情况，照顾到个体差异，运用不同的组织形式，采取针对性的措施进行分层教学，促进每个学生在自己原有的基础上有所发展。如在双脚并脚跳教学中，对学有余力的学生在速度上作出要求，对协调性、节奏性较差的学生在动作上作出要求。在教学中，根据学生情况进行分组，进而设计不同难度的练习进行教学。

(5)集体讲解练习与小组合作相结合，教师集中讲解、示范与分小组合作探究以及分小组游戏和技术应用相结合，引导学生充分利用小组合作，互帮互助，共同解决问题，进而通过分小组的合作练习和游戏应用巩固所学的知识和技能。在教学中可以充分发挥小组长的带动作用，在小组合作、互帮互助的形式下得到共同的提高。

(6)注重趣味内容的课间穿插以活跃体育课堂气氛。如在跳绳教学过程中穿插有节奏的音乐，让学生尝试按照音乐节拍调整跳绳节奏，提高学生练习的积极性。

(7)循序渐进。从引导与辅助教学的角度，由浅入深、由易到难地设计教学内容与游戏，使学生一步一步地按照教学进度完成学习内容。如双脚并脚跳教学过程中，首先让学生进行前脚掌着地的各种跳，如原地跳、向前跳一步再跳回原位、向左右连续跳、向前连续跳等，再逐渐过渡到双脚并脚跳。

(8)教师要制定科学合理的评价方法，强化评价的鼓励和发展功能，既要评价成绩，又要评价学习态度、进步幅度等，尤其是个体经过学习后发生的变化。如教师在双脚并脚跳教学中，对连续跳起来的同学要给予高度评价，给予虽然不会跳但也认真学习的同学较高的评价。

(9)增加安全防护措施，防止意外伤害事故的发生。如要注意场地清洁和安全，教师要选择平坦、开阔的地面，以免崴脚和在活动中发生碰撞。

(五)课程评价

学期成绩以百分制与等级制结合的方式呈现，由两部分组成：过程性评价(40 分)、终结性评价(60 分)。

1.过程性评价

过程性评价成绩(40 分)＝课堂表现、考勤(20 分)＋课后锻炼情况(10 分)＋过程测试成绩(10 分)。

过程性评价

<table>
<tr><th colspan="2"></th><th>评价方式和标准</th><th>等级标准</th></tr>
<tr><td rowspan="2">课堂
表现
（20 分）</td><td>态度
与参与
（10 分）</td><td>10 分：积极参与课内外体育与健康活动，并认真接受教师指导。
8 分：较积极参与课内外体育与健康活动，较认真接受教师指导。
6 分：能够参与课内外体育与健康活动。
2～4 分：极少参与课内外体育与健康活动，或者有迟到、早退现象。
0 分：旷课。</td><td>优秀（9～10 分）
良好（7～8 分）
合格（6 分）
不合格（5 分及以下）</td></tr>
<tr><td>情意
与合作
（10 分）</td><td>10 分：乐于助人，敢于展示和表现自我，克服困难，坚持不懈，能为团队的成功积极主动地与同伴配合。
8 分：较好地表现出帮助他人，愿意展示和挑战自我，克服困难，坚持不懈，能为团队的成功配合同伴。
6 分：有帮助他人、展示和挑战自我、克服困难、团结合作等表现。
2～4 分：缺乏帮助他人、展示自我和挑战自我、克服困难、团结合作等表现。
0 分：旷课。</td><td>优秀（9～10 分）
良好（7～8 分）
合格（6 分）
不合格（5 分及以下）</td></tr>
<tr><td colspan="2" rowspan="3">课后锻炼情况
（10 分）</td><td>课后锻炼的次数（4 分）</td><td rowspan="3">优秀（9～10 分）
良好（7～8 分）
合格（6 分）
不合格（5 分及以下）</td></tr>
<tr><td>锻炼的态度（3 分）</td></tr>
<tr><td>锻炼的方法（3 分）</td></tr>
<tr><td colspan="2" rowspan="2">过程测试成绩
（10 分）</td><td>单元测试（5 分）</td><td rowspan="2">参考《国家学生体质健康标准》的测试方法和标准</td></tr>
<tr><td>期中考试成绩（5 分）</td></tr>
</table>

2.终结性评价

学期末测试内容由身体素质和技能项目两部分组成，身体素质练习重点突出灵敏素质和柔韧素质，技能练习重点突出双脚并脚跳项目。

终结性评价成绩（60 分）＝体能成绩（40 分）＋技能成绩（20 分）。体能评价标准参考《国家学生体质健康标准》中的测试标准。

3.学期成绩

学期成绩＝过程性评价成绩＋终结性评价成绩。

(六)评价建议

评价建议

评价内容及要点		评价方式
知识	跳绳基本理论知识	课堂上随机提问,即时评价
技能	1.根据本学期所学的运动项目的内在规律评价技术动作的质量。 2.通过某个运动项目的某个技术、一类技术以及多种技术组合来进行评价。	1.参考《国家学生体质健康标准》的测试方法和标准。 2.定量和定性相结合的方式。 3.模糊量化评价方式。
体能	1.心肺耐力、力量、柔韧、身体成分、速度、灵敏。 2.通过多种趣味体能练习方式的组合形成综合体能进行评价。	1.参考《国家学生体质健康标准》的测试方法和标准。 2.量化评价方式。
态度与参与	1.体育课着装是否规范。 2.是否积极参与课内外体育与健康活动,并认真接受教师指导。	1.以师评为主,自评和互评为辅。 2.课堂上随机提问,即时评价。
情意与合作	1.在体育活动中果断作出决策行为的表现。 2.应对挫折或失败的情绪和行为表现。 3.在集体性体育活动中处理个人与集体关系的表现。 4.平时在体育活动和比赛中的道德表现。	1.以师评为主,自评和互评为辅。 2.课堂上随机提问,即时评价。

二、一年级下学期跳绳课程纲要

课程名称:体育与健康

课程类型:必修课

教学材料:《体育与健康 1 至 2 年级》全一册(人民教育出版社)

授课时间:20 课时

授课对象:一年级

(一)课程背景

一年级的学生经过一学期的个人花样跳绳练习对高难度的跳绳尤其是双

人或者多人合作跳绳有一种挑战、好奇和新鲜感，他们模仿力强，不喜欢说教过多、技术要求过高的运动，对于直观的、易于模仿的教学内容感兴趣，尤其对新学技术动作的第一印象特别深，对体育的兴趣是从模仿开始的，并在愉快的体验中加深和发展。

（二）课程目标

（1）以健康第一为指导思想，根据体育课的特点和一年级学生的心理、身体素质，充分利用游戏、教学比赛等教学方法进行教学，使学生参与体育学习与锻炼，体验运动的乐趣与成功。

（2）学习跳绳运动知识，知道所学跳绳运动项目或体育游戏的名称或动作术语，体验跳绳运动过程并了解速度、节奏、方向等运动现象。能够较协调地做出并脚跳等动作，达到动作的基本技术要求等，并增强安全意识和防范能力。

（3）通过体育锻炼，培养坚强的意志品质，体验体育活动中的情绪变化，形成合作意识和提高合作能力，在体育活动中培养良好的体育道德。

（三）课程内容

1.课时安排

一年级下学期课时安排

所属专题	单元主题	学习内容	课时	备注
跳绳	基本握绳； 基本摇绳方法	预备动作，基本量绳、握绳、摇绳方法	1	
	双人花样跳绳	一带一跳绳； 双人同摇跳； 双人轮流跳	10	
	跳长绳	原地并脚跳长绳； 原地两脚依次跳长绳	7	
	训练测试	测试一学期内容	2	

2.课程计划

一年级下学期课程计划

单元	内容
第一周	预备动作，基本量绳、握绳、摇绳方法
第二周	一带一跳绳
第三周	一带一跳绳
第四周	一带一跳绳
第五周	双人同摇跳
第六周	双人同摇跳
第七周	双人同摇跳
第八周	双人轮流跳
第九周	双人轮流跳
第十周	双人轮流跳
第十一周	双人轮流跳
第十二周	原地并脚跳长绳
第十三周	原地并脚跳长绳
第十四周	原地并脚跳长绳
第十五周	原地两脚依次跳长绳
第十六周	原地两脚依次跳长绳
第十七周	原地两脚依次跳长绳
第十八周	原地两脚依次跳长绳
第十九周	测试一学期内容
第二十周	测试一学期内容

（四）实施建议

（1）适当地运用情景教学法，教师以生动的语言、事例、游戏进行兴趣诱导，注重培养学生参与体育课堂活动的兴趣。如在教授双脚并脚跳的时候可以通过创设小青蛙捉害虫的情景培养学生的参与兴趣。

(2)教师要注重引导学生学会观察、善于观察、乐于观察,让学生带着问题去观察教师示范。如教师在进行基本摇绳练习示范时应该引导学生观察教师的两臂弯曲程度,肩、肘关节哪个部位动。在学会观察的基础上再进行大胆模仿练习,从而进行体验式模仿学习。

(3)寓教于"乐",教学与游戏相结合,一定程度上淡化技能教学,尤其要避免教授单一技术动作,应从学生的兴趣爱好和教学内容出发,设计切合教学实际的体育游戏,以游戏的方式引领技能的学习。如在教授一带一跳绳的时候,可以采用游戏"跳绳比快"来提高学生的兴趣。

(4)教师要充分了解学生的情况,照顾到个体差异,运用不同的组织形式,采取针对性的措施进行分层教学,促进每个学生在自己原有的基础上有所发展。如在两人轮流跳教学中,对学有余力的学生在数量上作出要求,对协调性、节奏性较差的学生在动作上作出要求。在教学中,根据学生情况进行分组,进而设计不同难度的练习进行教学。

(5)集体讲解练习与小组合作相结合,教师集中讲解、示范与分小组合作探究以及分小组游戏和技术应用相结合,引导学生充分利用小组合作,互帮互助,共同解决问题,进而通过分小组的合作练习和游戏应用巩固所学的知识和技能。在教学中可以充分发挥小组长的带动作用,在小组合作、互帮互助的形式下得到共同的提高。

(6)注重趣味内容的课间穿插以活跃体育课堂气氛。如在双人配合跳绳教学过程中穿插有节奏的音乐,让学生尝试按照音乐节拍调整跳绳节奏,提高学生练习的积极性。

(7)循序渐进。从引导与辅助教学的角度,由浅入深、由易到难地设计教学内容与游戏,使学生一步一步地按照教学进度完成学习内容。

(8)教师要制定科学合理的评价方法,强化评价的鼓励和发展功能,既要评价成绩,又要评价学习态度、进步幅度等,尤其是个体经过学习后发生的变化。如教师在双人同摇跳教学中,对连续跳不起来的同学要给予高度评价,给予虽然配合不好但也认真学习的一组同学较高的评价。

(9)增加安全防护措施,防止意外伤害事故的发生。如要注意场地清洁和安全,教师要选择平坦、开阔的地面,以免崴脚和在活动中发生碰撞。

(五)课程评价

学期成绩以百分制与等级制结合的方式呈现,由两部分组成:过程性评价(40分)、终结性评价(60分)。

1.过程性评价

过程性评价成绩（40 分）＝课堂表现、考勤（20 分）＋课后锻炼情况（10 分）＋过程测试成绩（10 分）。

过程性评价

		评价方式和标准	等级标准
课堂表现（20 分）	态度与参与（10 分）	10 分：积极参与课内外体育与健康活动，并认真接受教师指导。 8 分：较积极参与课内外体育与健康活动，较认真接受教师指导。 6 分：能够参与课内外体育与健康活动。 2～4 分：极少参与课内外体育与健康活动，或者有迟到、早退现象。 0 分：旷课。	优秀（9～10 分） 良好（7～8 分） 合格（6 分） 不合格（5 分及以下）
	情意与合作（10 分）	10 分：乐于助人，敢于展示和表现自我，克服困难，坚持不懈，能为团队的成功积极主动地与同伴配合。 8 分：较好的表现出帮助他人，愿意展示和挑战自我，克服困难，坚持不懈，能为团队的成功配合同伴。 6 分：有帮助他人、展示和挑战自我、克服困难、团结合作等表现。 2～4 分：缺乏帮助他人、展示自我和挑战自我、克服困难、团结合作等表现。 0 分：旷课。	优秀（9～10 分） 良好（7～8 分） 合格（6 分） 不合格（5 分及以下）
课后锻炼情况（10 分）		课后锻炼的次数（4 分）	优秀（9～10 分） 良好（7～8 分） 合格（6 分） 不合格（5 分及以下）
		锻炼的态度（3 分）	
		锻炼的方法（3 分）	
过程测试成绩（10 分）		单元测试（5 分）	参考《国家学生体质健康标准》的测试方法和标准
		期中考试成绩（5 分）	

2.终结性评价

学期末测试内容由身体素质和技能项目两部分组成，身体素质练习重点突出灵敏素质和柔韧素质，技能练习重点突出双脚并脚跳项目。

终结性评价成绩（60 分）＝体能成绩（40 分）＋技能成绩（20 分）。体能评价标准参考《国家学生体质健康标准》中的测试标准。

3.学期成绩

学期成绩＝过程性评价成绩＋终结性评价成绩。

（六）评价建议

评价建议

评价内容及要点		评价方式
知识	跳绳基本理论知识	课堂上随机提问，即时评价
技能	1.根据本学期所学的运动项目的内在规律评价技术动作的质量。 2.通过某个运动项目的某个技术、一类技术以及多种技术组合来进行评价。	1.参考《国家学生体质健康标准》的测试方法和标准。 2.定量和定性相结合的方式。 3.模糊量化评价方式。
体能	1.心肺耐力、力量、柔韧、身体成分、速度、灵敏。 2.通过多种趣味体能练习方式的组合形成综合体能进行评价。	1.参考《国家学生体质健康标准》的测试方法和标准。 2.量化评价方式。
态度与参与	1.体育课着装是否规范。 2.是否积极参与课内外体育与健康活动，并认真接受教师指导。	1.以师评为主，自评和互评为辅。 2.课堂上随机提问，即时评价。
情意与合作	1.在体育活动中果断作出决策行为的表现。 2.应对挫折或失败的情绪和行为表现。 3.在集体性体育活动中处理个人与集体关系的表现。 4.平时在体育活动和比赛中的道德表现。	1.以师评为主，自评和互评为辅。 2.课堂上随机提问，即时评价。

第四节　足球学期课程纲要

一、三年级上学期足球课程纲要

课程名称：正阳足球

课程类型：必修课

教学材料：《中小学校园足球》（人民教育出版社）

授课时间：20 课时

授课对象：三年级

（一）课程背景

三年级学生年龄小，多在 7～8 周岁，存在体质普遍较弱、运动技术较差现象。注意力不集中，活泼好动，兴趣难持久，依赖性强，自我约束能力差。好奇心和模仿能力强，学生对体育活动有一种新鲜感，但对体育课以及体育知识和技能认识不足，总体表现为，在体育课中比较易兴奋，又易抑制，精神不易集中；对于说教过多、技术要求过高的内容不易接受，也不感兴趣；相反对于直观的、易于模仿的体育课内容比较喜欢，学习兴趣较高。

三年级学生经过二年级的足球球性以及基本的运球学习，对足球有了初步的认识，对足球课的兴趣也很大，对传球、比赛充满向往，根据孩子的兴趣，进行教学的设计。

（二）课程目标

（1）初步掌握足球运动的基本技术和相关理论，使学生能依照教师传授的训练方法和手段，在课余时间积极参与这项运动，培养学生树立终身体育观念。了解日常生活中的安全问题。

（2）通过一般素质和专项素质训练，改善学生的灵敏、协调能力，增强心肺功能，促进学生体能的全面发展，达到增强学生体质和提高健康水平的目的。

（3）通过教学，培养学生自信、勇敢、顽强、沉着、果断等优良品质，以及在健康快乐的锻炼中，学会以球会友，融洽人际关系，增强交际能力。

（三）课程内容

三年级上学期教材内容

	学习内容	课时	备注
身体协调性	平衡及动作协调	1	
运球	脚下技术练习	5	
传、接球训练	脚内侧传接球（定位球）	6	
	脚内侧传接球（移动中）		
射门练习	正脚背射门	4	
对抗	1v1 2v1	2	
训练测试	脚内侧踢定位球	1	

课时安排

单元	内容
第一周	身体能力基本测试
第二周	脚下技术练习
第三周	脚下技术练习（球性）
第四周	脚下技术练习（球性）

续表

单元	内容
第五周	脚下技术练习(球性)
第六周	脚下技术练习
第七周	脚内侧传、接球
第八周	脚内侧传、接球
第九周	脚内侧传、接球
第十周	移动中脚内侧传、接球
第十一周	移动中脚内侧传、接球
第十二周	移动中脚内侧传、接球
第十三周	射门练习(正脚背)
第十四周	射门练习(正脚背)
第十五周	射门练习(正脚背)
第十六周	射门练习(正脚背)
第十七周	1v1 对抗练习
第十八周	2v1 对抗练习
第十九周	测试脚内侧踢定位球

(四)实施建议

(1)教学过程中要注重学生兴趣的激发和培养。无论是教学内容的选择还是教学方法及手段的运用,都要关注学生的兴趣,可以运用情景教学法、游戏法与竞赛法相结合贯穿课堂教学等,让学生在乐中学,在学中乐,提高学生的学习兴趣。

(2)在教学过程中,教师讲解示范技术动作是必不可少的,但教师在讲解示范动作时,不但要将动作要领告知学生,更要引导学生观察具体的部位,让学生有针对性的观察,这样更有利于学生掌握所学内容。足球脚内侧运球时,支撑脚在球的什么方向(侧前方)等。

(3)在教学过程中,教师应采用体验式教学和模仿教学。注重让学生自主体验和模仿动作,让学生进行体验式和模仿式的学习。小学阶段虽然淡化技能教学,但要告知学生基本的动作要领。

(4)教学过程中,教师要注重个体差异,区别对待,进行分层次教学。

(5)在教学过程中,可以请学生展示,让学生观察并找出与老师示范的不同之处,把标准与不标准的技术动作进行比较,形成对照。经过师生评价,使正确动作得到加强 ,错误动作得到抑制,使学生更快掌握正确的动作技术。

(6)在教学过程中,许多内容需要教师做动作来带领学生进行模仿练习。

(7)在教学过程中，注重学生的小组合作学习。教师主要起引导作用，充分发挥学生的主体性，培养学生自主学习的能力和团结合作的精神。教师带领学生练习后，由组长带领练习。

(8)教师可用口令指挥学生练习。正确地运用口令，能统一学生的行动，达到整齐划一的教学效果。

(9)学生初步学会动作后，教师应及时组织学生进行重复练习，以使逐步形成的正确的动作动力定型。

(10)教学过程中加强安全意识，教师要安全摆置上课用的器材等。

(五)课程评价

学期成绩以百分制与等级制结合的方式呈现，由两部分组成：过程性评价(40 分)、终结性评价(60 分)。

1.过程性评价

过程性评价成绩(40 分)＝课堂表现(20 分)＋课后锻炼情况(10 分)＋过程测试成绩(10 分)。

过程性评价

		评价方式和标准	等级标准
课堂表现(20 分)	态度与参与(10 分)	10 分：积极参与课内外体育与健康活动，并认真接受教师指导。 8 分：较积极参与课内外体育与健康活动，能较认真接受教师指导。 6 分：能够参与课内外体育与健康活动。 2～4 分：极少参与课内外体育与健康活动，或者有迟到、早退现象。 0 分：旷课。	优秀(9～10 分) 良好(7～8 分) 合格(6 分) 不合格(5 分及以下)
	情意与合作(10 分)	10 分：乐于助人，敢于展示和表现自我，克服困难，坚持不懈，能为团队的成功积极主动地与同伴配合。 8 分：较好地表现出帮助他人，愿意展示和挑战自我，克服困难，坚持不懈，能为团队的成功配合同伴。 6 分：有帮助他人、展示和挑战自我、克服困难、团结合作等表现。 2～4 分：缺乏帮助他人、展示自我和挑战自我、克服困难、团结合作等表现。 0 分：旷课。	优秀(9～10 分) 良好(7～8 分) 合格(6 分) 不合格(5 分及以下)

续表

	评价方式和标准	等级标准
课后锻炼情况（10分）	课后锻炼的次数（4分）	优秀（9～10分） 良好（7～8分） 合格（6分） 不合格（5分及以下）
	锻炼的态度（3分）	
	锻炼的方法（3分）	
过程测试成绩（10分）	单元测试（5分）	参考《国家学生体质健康标准》的测试方法和标准
	期中考试成绩（5分）	

2.终结性评价

学期末测试内容由身体素质和技能项目两部分组成，身体素质练习重点突出灵敏素质和柔韧素质，技能练习重点突出球类和体操两个项目。

终结性评价成绩（60分）＝体能成绩（40分）＋技能成绩（20分）。体能评价标准参考《国家学生体质健康标准》中的测试标准。

3.学期成绩

学期成绩＝过程性评价成绩＋终结性评价成绩。

（六）评价建议

评价建议

评价内容及要点		评价方式
知识	体育与健康理论知识	课堂上随机提问，即时评价
技能	1.根据本学期所学的运动项目的内在规律评价技术动作的质量。 2.通过某个运动项目的某个技术、一类技术以及多种技术组合来进行评价。	1.参考《国家学生体质健康标准》的测试方法和标准。 2.定量和定性相结合的方式。 3.模糊量化评价方式。
体能	1.心肺耐力、力量、柔韧、身体成分、速度、灵敏。 2.通过多种趣味体能练习方式的组合形成综合体能进行评价。	1.参考《国家学生体质健康标准》的测试方法和标准。 2.量化评价方式。
态度与参与	1.体育课着装是否规范 2.是否积极参与课内外体育与健康活动，并认真接受教师指导	1.以师评为主，自评和互评为辅。 2.课堂上随机提问，即时评价。
情意与合作	1.在体育活动中果断作出决策行为的表现。 2.应对挫折或失败的情绪和行为表现。 3.在集体性体育活动中处理个人与集体关系的表现。 4.平时在体育活动和比赛中的道德表现。	1.以师评为主，自评和互评为辅。 2.课堂上随机提问，即时评价。

附：体育与健康学期学生评价表

<table>
<tr><td></td><td colspan="2">评价内容</td><td colspan="2">项目评分</td><td>综合评分</td></tr>
<tr><td rowspan="7">过程性评价</td><td rowspan="2">课堂表现
（20分）</td><td>态度与参与（10分）</td><td colspan="2"></td><td rowspan="2"></td></tr>
<tr><td>情意与合作（10分）</td><td colspan="2"></td></tr>
<tr><td rowspan="3">课后锻炼情况（10分）</td><td>课后锻炼的次数（4分）</td><td colspan="2"></td><td rowspan="3"></td></tr>
<tr><td>锻炼的态度（3分）</td><td colspan="2"></td></tr>
<tr><td>锻炼的方法（3分）</td><td colspan="2"></td></tr>
<tr><td rowspan="2">过程测试成绩（10分）</td><td>单元测试（5分）</td><td colspan="2"></td><td rowspan="2"></td></tr>
<tr><td>期中考试成绩（5分）</td><td colspan="2"></td></tr>
<tr><td rowspan="5">终结性评价</td><td rowspan="3">体能</td><td>项目</td><td>体能1
（20分）</td><td>体能2
（20分）</td><td rowspan="3"></td></tr>
<tr><td>成绩</td><td></td><td></td></tr>
<tr><td>分数</td><td></td><td></td></tr>
<tr><td rowspan="2">知识与
技能</td><td>项目</td><td>知识与技能1（10分）</td><td>知识与技能2（10分）</td><td rowspan="2"></td></tr>
<tr><td>评定分数</td><td></td><td></td></tr>
<tr><td rowspan="2">学期
评价</td><td rowspan="2">评语</td><td rowspan="2" colspan="2">签名：</td><td>总分</td><td></td></tr>
<tr><td>等级</td><td></td></tr>
<tr><td>备注</td><td colspan="5"></td></tr>
</table>

二、三年级下学期足球课程纲要

课程名称:正阳足球

课程类型:必修课

教学材料:《中小学校园足球》(人民教育出版社)

授课时间:19 课时

授课对象:三年级

(一)课程背景

小学三年级的学生处于生长发育的初期,运动系统发育还不成熟,处于发展期,运动能力较低,身体各部分肌肉发展不平衡,上下肢协调性差;他们活泼、好动、自制力较差,足球素质有所提高,根据本校学生的具体情况从足球最基本的技术入手,以培养学生足球的兴趣和简单的基本技术为主,设计颠球、运球、教学比赛为主的教学内容。

通过上学期的足球学习,学生能够进行简单的踩球、拉球、运球。对于脚内侧传球,学生脚踝力量达不到,做不到充分地锁死脚踝,动作不够协调,需要继续加强这一方面的练习,包括定点、移动中的传、接球。

(二)课程目标

(1)初步掌握足球运动的基本技术和相关理论,使学生能依照教师传授的训练方法和手段,在课余时间积极参与这项运动,培养学生树立终身体育观念。了解日常生活中的安全问题。

(2)通过一般素质和专项素质训练,改善学生的灵敏、协调能力,增强心肺功能,促进学生体能的全面发展,达到增强学生体质和提高健康水平的目的。

(3)通过教学,培养学生自信、勇敢、顽强、沉着、果断等优良品质,以及在健康快乐的锻炼中,学会以球会友,融洽人际关系,增强交际能力。

(三)课程内容

三年级下学期教材内容

	学习内容	课时	备注
身体协调性	平衡及动作协调	1	
球性练习	脚下技术练习	3	
运球	脚背正面运球	5	

续表

	学习内容	课时	备注
传接球	脚内侧传、接球	3	
	移动中传、接球射门组合练习	5	
学期测试	移动传接球射门测试	2	

课时安排

单元	内容
第一周	协调能力练习
第二周	脚下技术练习
第三周	脚下技术练习
第四周	脚下技术练习
第五周	脚背正面运球
第六周	脚背正面运球
第七周	脚背正面运球
第八周	脚背正面运球
第九周	脚背正面运球
第十周	脚内侧传、接球(定点)
第十一周	脚内侧传、接球(移动)
第十二周	脚内侧传、接球(移动)
第十三周	移动传、接球射门练习
第十四周	移动传、接球射门练习
第十五周	移动传、接球射门练习
第十六周	移动传、接球射门练习
第十七周	移动传、接球射门练习
第十八周	移动传、接球射门测试
第十九周	移动传、接球射门测试

(四)实施及建议

(1)教学过程中要注重学生兴趣的激发和培养。无论是教学内容的选择还是教学方法及手段的运用,都要关注学生的兴趣,可以运用情景教学法、游戏法与竞赛法相结合贯穿课堂教学等，让学生在乐中学，在学中乐，提高学生的学习兴趣。

(2)在教学过程中，教师讲解示范技术动作是必不可少的，但教师在讲解示范动作时，不但要将动作要领告知学生，更要引导学生观察具体的部位，让学生有针对性的观察，这样更有利于学生掌握所学内容。足球脚内侧运球时，支撑脚在球的什么方向(侧前方)等。

(3)在教学过程中，教师应采用体验式教学和模仿教学。注重让学生自主体验和模仿动作，让学生进行体验式和模仿式的学习。小学阶段虽然淡化技能教学，但要告知学生基本的动作要领.

(4)教学过程中，教师要注重个体差异，区别对待，进行分层次教学。

(5)在教学过程中，可以请学生展示，让学生观察并找出与老师示范的不同之处，把标准与不标准的技术动作进行比较，形成对照。经过师生评价，使正确动作得到加强 ，错误动作得到抑制，使学生更快掌握正确的动作技术。足球脚内侧运球时，支撑脚应在球的侧前方。

(6)在教学过程中，许多内容需要教师做动作来带领学生进行模仿练习。

(7)在教学过程中，注重学生的小组合作学习。教师主要起引导作用，充分发挥学生的主体性，培养学生自主学习的能力和团结合作的精神。教师带领学生练习后，由组长带领练习。

(8)教师可用口令指挥学生练习。正确地运用口令，能统一学生的行动，达到整齐划一的教学效果。

(9)学生初步学会动作后，教师应及时组织学生进行重复练习，以使逐步形成正确的动作动力定型。

(10)教学过程中加强安全意识，教师要安全摆置上课用的器材等。

(五)课程评价

学期成绩以百分制与等级制结合的方式呈现，由两部分组成：过程性评价(40 分)、终结性评价(60 分)。

1.过程性评价

过程性评价成绩(40 分)＝课堂表现(20 分)＋课后锻炼情况(10 分)＋过程测试成绩(10 分)。

过程性评价

<table>
<tr><th colspan="2"></th><th>评价方式和标准</th><th>等级标准</th></tr>
<tr><td rowspan="2">课堂表现（20分）</td><td>态度与参与（10分）</td><td>10分：积极参与课内外体育与健康活动，并认真接受教师指导。
8分：较积极参与课内外体育与健康活动，能较认真接受教师指导。
6分：能够参与课内外体育与健康活动。
2～4分：极少参与课内外体育与健康活动，或者有迟到、早退现象。
0分：旷课。</td><td>优秀（9～10分）
良好（7～8分）
合格（6分）
不合格（5分及以下）</td></tr>
<tr><td>情意与合作（10分）</td><td>10分：乐于助人，敢于展示和表现自我，克服困难，坚持不懈，能为团队的成功积极主动地与同伴配合。
8分：较好地表现出帮助他人，愿意展示和挑战自我，克服困难，坚持不懈，能为团队的成功配合同伴。
6分：有帮助他人、展示和挑战自我、克服困难、团结合作等表现。
2～4分：缺乏帮助他人、展示自我和挑战自我、克服困难、团结合作等表现。
0分：旷课。</td><td>优秀（9～10分）
良好（7～8分）
合格（6分）
不合格（5分及以下）</td></tr>
<tr><td colspan="2" rowspan="3">课后锻炼情况（10分）</td><td>课后锻炼的次数（4分）</td><td rowspan="3">优秀（9～10分）
良好（7～8分）
合格（6分）
不合格（5分及以下）</td></tr>
<tr><td>锻炼的态度（3分）</td></tr>
<tr><td>锻炼的方法（3分）</td></tr>
<tr><td colspan="2" rowspan="2">过程测试成绩（10分）</td><td>单元测试（5分）</td><td rowspan="2">参考《国家学生体质健康标准》的测试方法和标准</td></tr>
<tr><td>期中考试成绩（5分）</td></tr>
</table>

2.终结性评价

学期末测试内容由身体素质和技能项目两部分组成，身体素质练习重点突出灵敏素质和柔韧素质，技能练习重点突出球类和体操两个项目。

终结性评价成绩（60分）＝体能成绩（40分）＋技能成绩（20分）。体能评价标准参考《国家学生体质健康标准》中的测试标准。

3.学期成绩

学期成绩＝过程性评价成绩＋终结性评价成绩。

（六）评价建议

评价建议

评价内容及要点		评价方式
知识	体育与健康理论知识	课堂上随机提问，即时评价
技能	1.根据本学期所学的运动项目的内在规律评价技术动作的质量。 2.通过某个运动项目的某个技术、一类技术以及多种技术组合来进行评价。	1.参考《国家学生体质健康标准》的测试方法和标准。 2.定量和定性相结合的方式。 3.模糊量化评价方式。
体能	1.心肺耐力、力量、柔韧、身体成分、速度、灵敏。 2.通过多种趣味体能练习方式的组合形成综合体能进行评价。	1.参考《国家学生体质健康标准》的测试方法和标准。 2.量化评价方式。
态度与参与	1.体育课着装是否规范。 2.是否积极参与课内外体育与健康活动，并认真接受教师指导。	1.以师评为主，自评和互评为辅。 2.课堂上随机提问，即时评价。
情意与合作	1.在体育活动中果断作出决策行为的表现。 2.应对挫折或失败的情绪和行为表现。 3.在集体性体育活动中处理个人与集体关系的表现。 4.平时在体育活动和比赛中的道德表现。	1.以师评为主，自评和互评为辅。 2.课堂上随机提问，即时评价。

附：体育与健康学期学生评价表

<table>
<tr><td></td><td colspan="2">评价内容</td><td colspan="2">项目评分</td><td>综合评分</td></tr>
<tr><td rowspan="7">过程性评价</td><td rowspan="2">课堂表现（20分）</td><td>态度与参与（10分）</td><td colspan="2"></td><td rowspan="2"></td></tr>
<tr><td>情意与合作（10分）</td><td colspan="2"></td></tr>
<tr><td rowspan="3">课后锻炼情况（10分）</td><td>课后锻炼的次数（4分）</td><td colspan="2"></td><td rowspan="3"></td></tr>
<tr><td>锻炼的态度（3分）</td><td colspan="2"></td></tr>
<tr><td>锻炼的方法（3分）</td><td colspan="2"></td></tr>
<tr><td rowspan="2">过程测试成绩（10分）</td><td>单元测试（5分）</td><td colspan="2"></td><td rowspan="2"></td></tr>
<tr><td>期中考试成绩（5分）</td><td colspan="2"></td></tr>
<tr><td rowspan="5">终结性评价</td><td rowspan="3">体能</td><td>项目</td><td>体能1（20分）</td><td>体能2（20分）</td><td rowspan="3"></td></tr>
<tr><td>成绩</td><td></td><td></td></tr>
<tr><td>分数</td><td></td><td></td></tr>
<tr><td rowspan="2">知识与技能</td><td>项目</td><td>知识与技能1（10分）</td><td>知识与技能2（10分）</td><td rowspan="2"></td></tr>
<tr><td>评定分数</td><td></td><td></td></tr>
<tr><td rowspan="2">学期评价</td><td rowspan="2">评语</td><td rowspan="2" colspan="2">签名：</td><td>总分</td><td></td></tr>
<tr><td>等级</td><td></td></tr>
<tr><td colspan="6">备注</td></tr>
</table>

第三章　基于标准的全员运动会的课程实施

学校自 2016 年举办全员运动以来，一直有几个问题困扰着大家：全员运动会到底围绕什么开展？比赛项目怎么设置？比赛项目的内容该怎么选取？这些问题随着学校开展的基于标准的教学实施逐一得到了解决，也让全体的体育教师彻底弄清楚了我们学校全员运动会的本质。

第一节　学校教研

学校教研是促进学校教学发展的最重要的手段之一，也是教师专业成长的方式之一。我们学校的体育组采用常态教研的方式，常态教研分为两类：一类是集体教研采用固定时间、固定地方，每周至少一次全体体育教师参与教研的活动。第二类是分散教研，采用分学段、分年级的小组教研方式。

日常中常用的教研活动以分散教研为主，分散教研主要是用来发现问题，即个人在教学活动中发现问题，然后可以召集同学段的教师进行教研，思考和找出解决办法。如果遇到解决不了的问题，或者发现的问题有普遍性，或者有积极的意义，那么小组就可以提议召开专题教研组会议，来解决问题或者推广经验。

集体教研一般由教研组长发起，一是为了学校学年或者学期教学而开展，二是为了筹办学校的大型体育活动而开展，三是为了培养和提高新教师的教学能力和水平而开展。

我们学校的体育教研一般每个学期初需要集体制定本学期的教研组计划，这个计划一般参照学校的教学计划来制定，这个计划主要是把本学期的教研内容及时间安排定好，每周的教研按照计划来实施，如遇学校重大活动，可随时调整教研计划。以下是 2020～2021 年第一学期体育教研计划：

一、指导思想

区教体局制定的新学期工作要点为行动指南，认真学习《关于加强青少年体育增强青少年体质的意见》，坚持以人为本的理念，倡导务实、创新的精神，牢固树立健康第一的指导思想，不断深化体育新课程改革，关注学生主体地位的落实，关注体育运动技能教学认识的提高，关注学生学习方式的转变，关注体育教师的专业化发展。继续推进体育校本课程开发与校本教研工作的深入开展，进一步规范体育常规教学管理，加强对体育有效教学和教学评价的研究，切实把服务于教师、服务于学校的理念落到实处。

二、具体要求

(1)上好课。积极参加学校组织的各级各类活动，互相听课，参评课程，多学习，多思考，多研讨，多积累成功经验，努力提高自身素养和教学水平。

(2)写精品教案，上精品课堂。本学期每位教师至少准备1～2节内容不同的精品教案，要至少进行3次以上的磨课。并准备一节精品课，开展一次全组听评课活动。

(3)认真参加上级部门组织的各项活动。

三、主要工作

9月：

(1)召开2020～2021第一学期体育教研工作会议，确定开学初前两周的教学内容和课堂基本步骤，关注学生身体情况和基本的收心教育，进行简单的身体适应性练习。

(2)学习和重新修订课程纲要，并设置阶段性测评，时刻关注学生的测评情况，根据实际随时调整教学内容和课时。

(3)重新考虑教师教学效果评价方案。

(4)集体讨论，课题选择。

(5)新教师基本功培训。

10月：

(1)制定教学效果评价方案。

(2)讨论各年级学生评价方式及办法。

(3)制定学生体质健康测试方案，测试并录入平台。

(4)开始第一轮校内听评课。

(5)体育教师备课培训。

11 月：

(1)组织体育第三联合体活动。

(2)对第一轮听课出现的问题组织第二轮听课。

(3)组织课题开题叙写。

(4)组织新教师汇报课的听评课活动。

12 月：

课题资料查找、分工。

(1)迎接体育督导。

(2)体育教师基本功培训。

(3)筹划 2021 年全员运动会开场操和比赛项目内容设置。

2021 年 1 月：

(1)完成学生抽测工作及教师教学效果评价。

(2)学生体育成绩认定，并反馈给班主任。

(3)筹划 2021 年全员运动会开场操和比赛项目内容设置。

(4)进行学校体育工作总结、教研工作总结。

(5)清理学校体育器材。

四、上课要求

重在培养兴趣，关注居家学习后学生体质下降问题，做好衔接计划，重在全面恢复学生的身体素质，尤其是体能。

1.体育组全体人员进一步加强思想进修学习，不出现体罚与变相体罚现象。

2.熟悉课的重点、难点，做到心中有底，有收获。

3.教师在课前做好准备工作，不上无准备的课。

4.课堂中启发学生求知、求真、敢于提问、敢于探究的精神。教师加强巡视，以激励表扬为主，充分发挥学生主体性，使学生喜欢教师，喜欢教师所教学科。

5.每节课学生掌握情况，老师心中有底，表扬优点，指出不足。

6.每人本学期结束后，要有 2～3 节优秀教案，至少有一节高质量外堂课。

7.做好高温天气上课及防暑工作。

五、听课要求

按照上级要求完成每学期15节听课并做到及时反馈、交流。

从以上的教研计划中可以看出，教研计划基本包含了课堂教学、新教师培训、学校活动、教师专业发展、教学效果评价等几个方面的内容。每一次的教研活动要有教研记录，并需要由专人进行填写，每次的教研记录要填写翔实，重点突出，专项的教研活动要有专人发言，每一次的教研活动要有活动反思，有照片。为此我们教研组专门设计了教研活动记录表。

专题教研活动记录

时间		地点		主讲人	
活动主题					
参加人员					
内容记录：					
活动小结：					
图片资料：					

主题教研活动记录

<table>
<tr><td>时间</td><td></td><td>地点</td><td></td><td>主讲人</td><td></td></tr>
<tr><td>活动主题</td><td colspan="5"></td></tr>
<tr><td>参加人员</td><td colspan="5"></td></tr>
<tr><td colspan="6">过程记录：</td></tr>
<tr><td colspan="6">活动小结：</td></tr>
<tr><td colspan="6">图片资料：</td></tr>
</table>

教研活动贵在计划详实和持之以恒，教研活动是教师专业成长的舞台，也是教学的另一种形式，它可以使教师之间相互促进，为教师提供灵感，也可以使教师形成合力，促进教师的专业发展，从而提高学校的教学质量以及促进学校重大活动的开展。

第二节 “教一学一评”一致性的学校体育

学校自建校以来始终坚持“为每一个孩子提供更优质的教育服务”的教育理念和“以人为本，健康第一，终身体育”的体育宗旨，全面践行课程理念，基于体育与健康课程标准，实施项目式体育教学，通过对体育课堂教学进行改革和创新，形成了体育课堂、阳光大课间、全员运动会三位一体的体育教学模式。三位一体的学校体育模式是建立在学校课堂教学的基础上，无论是阳光大课间还是全员运动会都是体育课堂教学成果的延伸，所以课堂教学是学校体育发展的根本，这也要求我们要立足课堂，重视教学内容的基础性、选择性及教学方法的有效性和多样性，也就是把体育与健康课程标准准确无误地落实到课堂教学中。

教师要创造性地开展教学，最先需要的就是研究课程标准，深刻理解课程标准所阐释的课程理念，依据对课程标准的理解、教学资源的特点和学生心智发展的特点建构科学的学习目标。现行的我国课程标准大家公认的特点是：

(1)课程标准主要是对学生经过某一学段之后的学习结果的行为描述，而不是对教学内容特别是知识点和单项技能的具体规定。它的范围涉及三个领域：认知、情感和动作技能。

(2)课程标准主要规定某一学段或年级所有学生在教师的帮助下通过个人努力需要达到的要求，它是面向全体学生的共同的、统一的基本要求，而不是最高要求。

(3)课程标准隐含着教师不是教科书的执行者，而是教学方案的开发者，它使教师与学生等课程实施者作为独立的主体参与教育过程，使课程具有生成性、适应性成为可能。

(4)课程标准是国家基础教育课程质量的主要标志，它统领课程的管理、评价、督导与指导，具有一定的严肃性与正统性。

显然，课程标准的实现并不是一蹴而就的，而是要求教师在理解课程标准的基础上，以学习目标的方式逐步落实于课堂教学中。那如何才能将国家要求的课程标准准确地落实到课堂中去呢？

教师要创造性地开展教学，最先需要的就是研究课程标准，深刻理解课程标准所阐释的课程理念，依据对课程标准、教学资源的特点和学生心智发展特点的理解建构科学的学习目标。

一、界定学习目标的过程

界定学习目标的过程就是教师基于课程标准确定学习目标、设计评价标准、组织教学内容、实施教学、评价学生学习、改进教学等一系列设计和实施教学的过程。

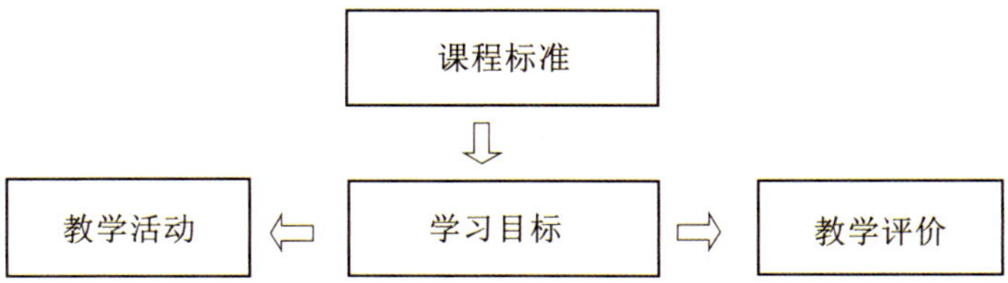

学习目标关系图

从以上关系图可以看出，课程标准是指导教学的根本因素。可以说，影响教学的因素很多，但教学是紧紧围绕着课程标准的实施而进行的。

在实施教学过程时，要“抓两头，带中间”，即先确定教学目标、确定评价的方法和内容，然后确定相应的教学内容和方法。只有这样，才能做到“以课程标准为依据”，基于课程标准的教学才能得以实现。

总之，在确定教学价值（或目的）（为什么教）、教学内容（教什么）、教学方法（怎么教）和评价内容（教到什么程度）时，要以课程标准为依据、为准绳，保持各要素的一致性，适时修正课堂教学的具体内容，以此提高课堂教学的有效性。

基于标准教学主张通过评价的证据驱动教学，以教学目标的达成度评价教学效果，在教学设计实施上做到教学目标、学习活动及课堂评价的内在一致性，至于如何设计教学环节、开发怎样的教学模式，全凭学校、教师、学生的实际及教师的主观能动性。

二、教学程序

学校层面基于校情、学情，集教师智慧开发出一套科学而适用的基于标准的教学程序，则是应当且必须的。以下是教学运作程序：

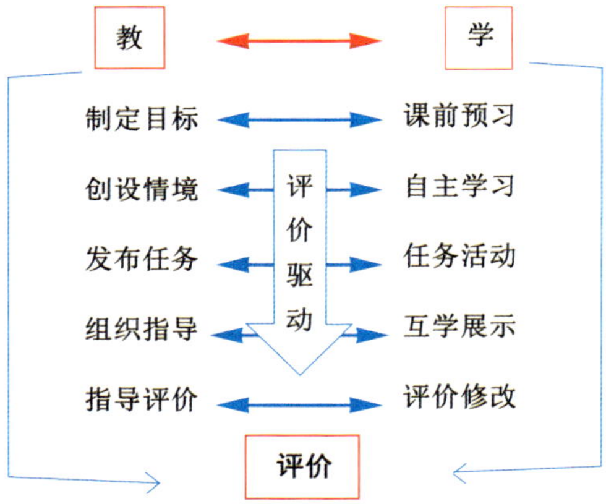

基于标准的教学

教学目标是课堂教学的灵魂，它主导并决定着学习活动与课堂评价的跟进，学习活动与课堂评价围绕教学目标有机互渗，达成并验证教学目标，形成定标—达标—验标课堂教学转轴；同时调控并决定着学生的学与教师的教，学与教围绕教学目标双线并行并相互合作，形成“师促生学”课堂教学两翼。

具体来说，“基于标准”的教学运作程序的整体格局为“三环四步”。“三环”指教学的三个主要环节：(1)依据课标，参考学情，师生共同定标；(2)围绕目标，依托文本，师生合作达标；(3)基于学习，及时评价，师生共同验标。“四步”主要指达标、验标环节的四项教学活动：(1)教师设置情境，学生依据目标自学；(2)学生合作探讨，教师指导学习；(3)小组展示学习结果，教师组织学生完善；(4)学生互评学习结果，教师提炼总结、评价。

整个教学过程学为主、教为从，学而后教，教师始终是站立在学生身旁适时进行指导的共学者，自学为主，互学为辅，先自学后合作，学生始终是以独立的个体进行学习的生命体。

三、走向基于标准的教学

在调查研究和理论分析的基础上，我们借鉴国内外已有的研究成果，建构了基于标准的教学设计的方法和过程。基于标准的教学设计是一种融课程标准、学习评价和教学活动为一体的设计过程，为教师提供了一种理解课程标准、解析课程标准、应用课程标准的新视角。具体表现在三个方面：一是依据“课程标准”界定学习目标，保持标准与学习目标的一致性；二是评价设计先于教学活动的设计，体现评价促进学生学习的理念，保持学习目标与学习评价的一致性；三是依据学习目标设计教学活动，通过学习评价调整、补救课堂教学，确保学习目标的实现。基于标准教学设计的三个环节相互衔接，循环往复，将评价和教学统一起来，保证了课程标准和教学实施的一致性。

第三节 实例分析

课堂学习目标是某一节课或某一单元学习结果的预期，构建课堂学习目标是从微观层面解决“学到什么程度”的问题。教学目标源于课程标准，对课程标准解读与分解的前提和基础是对学情的充分关注与具体分析，“基于课程标准的教学目标的续写”就是通过研读课程标准，理解其基本理念和内涵精髓，分解课程目标，再依据学情分析，将课程标准中抽象的课程目标细化为具体的、可操作的课堂教学目标，即基于学情确定“学什么”和“学到什么程度”。用可观察、可测量的行为动词，准确、精炼地描述教学(学习)目标，从而全面落实课程目标。

例如，在《国家课程标准水平(二)》，“运动技能学习体育运动知识”中“学习目标 2:体验运动过程并了解动作名称的含义”，“掌握运动技能和方法”中“学习目标 2:初步掌握多种体育活动方法”，“身体健康方面的全面发展体能与健身能力目标”中“学习目标:发展柔韧性、灵敏性、速度和力量”，“心理健康与社会适应形成合作意识与能力目标”中“学习目标:在体育活动中乐于交流与合作”。

根据以上课程标准的目标要求，我们要完成教学目标的叙写，来制定学期目标或者根据学生的学情与学校情况来制定课时目标。

一、教学目标的叙写原则

1.行为主体学生化

教学目标不是教师在课堂上打算做什么、怎么做，而是学生学习的预期效果。所以行为主体是学生，而不是教师。在实际的表述中，行为主体可以省略，但是从逻辑上可以判断主体是学生。例如:“说出本文所用的表达方式，并举例分析其作用。”而不应该采用“使学生”“教会学生”“培养学生”“提高学生”“激发学生”等用语，这只是教师开展活动的主观愿望，而不是学生学习的预期效果。

2.行为动词多样化

教学目标是学生学懂、学会的标准，必须具体、准确、能够测量，所以课时教学目标应该采用可测量、可观察、可评价、具体而明确的行为动词来描述，如“认出、说出、写出、描述、解释、说明、使用”等词语。应该避免使用一些笼统、模糊的术语。如果使用“了解、理解、掌握、知道、欣赏”等行为动词，就缺乏质和量的具体规定，评价就无法进行。

3.行为条件情景化

在教学目标的确定和表述中，要明确表达清楚学生可以借助哪些条件或者有哪些限制才能达到目标的要求。

4.行为程度具体化

教学目标表述的是最基本的、共同的、可达到的最低教学标准，而不是无法实现的最高要求。采用什么程度的标准要依据教学内容的实际要求，应当以大多数学生在经过必要的努力后都能做到的事情作为行为标准。

二、教学目标的叙写步骤

第一步：列出该课时课程标准所要求的具体内容，就是相关课标的陈述。

第二步：确认标准所要求达到的能力要求。知识性目标（了解、理解、学会），技能性目标（积累、观察、讲述），情感目标（感受、体会、领悟）。

第三步：依据课程标准和教材，确认“行为动词”“行为条件”“认知内容”。

第四步：依据学情，设计出每个点的学习结果（行为结果），即学到什么程度。

第五步：叙写出完整的教学目标。

三、结合以上原则和方法形成课时目标

（1）认知目标：通过本节课的学习，学生能用自己的语言表述篮球原地拍球的拍球位置和手型，学会多种提高球感、球性的练习方法；讲解篮球实战中原地运球的应用。

（2）技能目标：通过本节课的学习，80%的同学能完成原地拍球60个以上，20%的同学能完成原地拍球50个以上，并能在脚步练习中提高身体的协调性、耐力、爆发力。

（3）情感目标：在学习中培养学生相互交流、互相学习的意识和团队合作能力，提高学生对篮球的兴趣。

形成课程目标后我们需要针对目标，来评价学生的学习情况，那么我们就需要设计评价量表来测评。在设计评价量表时首先要参照学生的学情，了解学生现阶段的身体素质水平、技能水平。其次根据学生现有水平来预估学生完成本单元学习后能够达到的水平。根据学习目标要求，结合学生实际水平我们做出的评价量表如下：

原地运球评价量表

等级	优秀 （89～100 分）	良好 （75～89 分）	合格 （60～74 分）	继续努力 （59 分以下）
要求	运球手型正确，用力柔和，动作协调、连贯。一分钟能连续运球 60 个以上。	运球手型正确，用力较柔和，动作协调、连贯。一分钟能连续运球 50～59 个。	运球手型基本正确，动作基本连贯。一分钟能连续运球 40～49 个。	运球手型不正确，动作不连贯。一分钟能连续运球 39 个以下。

教学目标和教学评价量表制定以后，我们需要根据学生的基本学情来设计教学过程，教学设计是一种逆向设计模式。那什么是逆向设计？逆向设计是一种面向目标的设计，是预先考虑学习评价的设计。逆向设计要求教师在开始设计教学活动组织单元学习时，先确立学习目标，然后紧接着考虑学习评价的问题。这种设计方式有别于传统教学设计将评价置于最后考虑的方式。逆向设计的过程分为三步：(1)确定预期的学习目标。(2)制定如何证明学生实现了学习目标的手段与措施。(3)安排各种教学活动，指导学习活动，达成学习目标。

第一步：基于标准确定学习目标。

学习目标源于课程标准——我要把学生带到哪里去？

开展逆向教学设计的第一步就是要思考学习目标是什么？通过教学活动的开展，学生应该知道什么？在这一步骤中，教师要对已有的课程标准进行充分的考虑，同时也要依据学生的学习特点，界定符合课程标准的要求，制定适合当前学生学习需要的学习目标。

第二步：基于目标进行评价设计。

评价设计先于教学设计——我如何知道学生已经到那里了？

逆向教学设计的第二步就是依据学习目标设计学生的学习评价，即教师如何知道在学生身上是否已实现了预期的学习结果？如何能证明学生们掌握和理解了相关的内容？教学活动设计前，有目的的设计学习评价，可以帮助教师带着问题思考教学，通过评价来促进教学，确保预期的学习效果，避免出现教学流于形式或“走过场”的现象。

第三步：基于目标规划教学过程。

逆向教学设计的第三步是安排明确的教学活动计划，在这个过程中需要考虑的问题有：创设教学活动的现实依据；如何安排活动内容才能帮助学生有效地达成预期的学习目标；如何组织教学活动才能得以更好的实施。

按照以上三步做法，教师将课程标准、课堂学习评价、课堂教学统一起来，从整体上来考虑课程与教学，我们就能最终形成完整的“基于标准的教学设计”。例如：

篮球原地运球第二课时教学设计

<table>
<tr><td colspan="2">教学内容</td><td colspan="5">1.原地运球(综合练习)2.脚步练习</td></tr>
<tr><td colspan="2">年级</td><td colspan="5">三年级</td></tr>
<tr><td colspan="2">人数</td><td colspan="5">40</td></tr>
<tr><td colspan="2">课型</td><td colspan="5">新授</td></tr>
<tr><td colspan="2">课次</td><td colspan="5">1</td></tr>
<tr><td colspan="2">教学目标</td><td colspan="5">1. 认知目标：通过本节课的学习，学生能用自己的语言表述篮球原地拍球的拍球位置和手型，学会多种提高球感球性的练习方法，讲解篮球实战中原地运球的应用。
2. 技能目标：通过本节课的学习，80%的同学能完成原地拍球 60 个以上，20%的同学能完成原地拍球 50 个以上，并能在脚步练习中提高身体协调性，耐力，爆发。
3. 情感目标：在学习中培养学生的相互交流，互相学习的意识和团队合作能力，提高学生对篮球的兴趣。</td></tr>
<tr><td colspan="2">重点</td><td colspan="3">拍球的手型和综合练习方法</td><td>难点</td><td>手对球的控制</td></tr>
<tr><td rowspan="2">课序</td><td rowspan="2">时间</td><td rowspan="2">教学内容</td><td rowspan="2">运动负荷</td><td colspan="2">教与学的活动</td><td rowspan="2">组织与队形</td></tr>
<tr><td>教师活动</td><td>学生活动</td></tr>
<tr><td>开始部分</td><td>1分钟</td><td>课堂常规
1.整队
2.师生问好
3.宣布上课内容
4. 安排见习生</td><td>小</td><td>1.向学生问好
2. 介绍本课内容
3.安排见习生
4. 提示安全要求</td><td>1.向老师问好
2. 明确本课内容
3.见习生到指定区域见习
4.学生明确安全要求</td><td>○ ○ ○ ○ ○
○ ○ ○ ○ ○
╳ ╳ ╳ ╳ ╳
╳ ╳ ╳ ╳ ╳
▲
要求：精神饱满，认真听讲，明确目标
(图例：“○”代表男生，“╳”代表女生，“▲”代表老师)</td></tr>
</table>

续表

<table>
<tr><td colspan="2">教学内容</td><td colspan="5">1.原地运球(综合练习)2.脚步练习</td></tr>
<tr><td>准备部分</td><td>5~6分钟</td><td>热身运动
1. 全场综合跑
2. 球感(熟悉球性)</td><td>小</td><td>1.教师领做
2.教师口令指挥,以身作则起好引领作用</td><td>1.认真模仿
2.学生情趣饱满, 积极参与</td><td>○ ○ ○ ○ ○
○ ○ ○ ○ ○
× × × × ×
× × × × ×
▲</td></tr>
<tr><td rowspan="3">基本部分</td><td rowspan="3">20~24分钟</td><td>一、导入课题
尝试各种姿势的拍球练习
1.运球手型:五指自然分开,用手指和指跟部位触球(掌心不触球)。
2.拍球部位:篮球的上部</td><td>小</td><td>1.教师提出要求并引导学生用自己的方式自主练习拍球
2.教师巡回指导,观察学生,留意学生拍球动作
3.教师提示查看手心、拍球位置,并讲解拍球手型和位置,
4.两种姿势站位的引导</td><td>1.学生认真听讲,明确要求
2.自主练习
3.学生回答问题(手型及拍球位置)
4.学生认真听讲,明确拍球手型及拍球位置
5.学生自由选择站姿,自主练习</td><td rowspan="3">× ○ × ○ ×
× ○ × ○ ×
× ○ × ○ ×
× ○ × ○ ×</td></tr>
<tr><td>二、趣味挑战
1.高运球、低运球(123运球)
2.高低运球结合
3.贴地绕桩练习
4.左右手均衡练习
5.身前四点运球练习
6.30秒拍球挑战</td><td>中</td><td>1.教师提示并示范练习方法
2.教师巡回指导并及时纠正出现的问题
3.及时评价,鼓励学生</td><td>1.学生根据教师提示练习拍球
2 认真听讲,明确要求
3.及时解决心中疑问
4.认真练习,克服困难挑战自我</td></tr>
<tr><td>三、游戏:脚步练习
教授学生提高身体灵活性的脚步练习</td><td>中</td><td>1.教师计时
2.教师评价
3.讲解并示范游戏规则
4.积极比赛,相互鼓励
5.提示安全</td><td>1.学生挑战并记录自己拍球次数
2.明确游戏规则与安全要求
3.积极参与竞争, 争创第一
4.为同伴积极加油</td></tr>
</table>

续表

<table>
<tr><td colspan="2">教学内容</td><td colspan="6">1.原地运球(综合练习)2.脚步练习</td></tr>
<tr><td>结束部分</td><td>3~5分钟</td><td>放松整理与小结
1.讲评小结
2.布置回收器材
3.师生话别、下课</td><td>小</td><td>1.引导学生一起放松练习
2.评价学生表现,布置作业
3.安排学生回收器材</td><td>1.明确方法与教师共同放松
2.参与点评,明确作业
3.和教师一起回收器材</td><td colspan="2">○ ○ ○ ○ ○
○ ○ ○ ○ ○
× × × × ×
× × × × ×
▲</td></tr>
<tr><td>场地器材</td><td colspan="3">篮球41个、标志盘41个</td><td>安全保障</td><td colspan="3">1.教师强调安全意识
2.学生充分热身,防止关节受伤</td></tr>
<tr><td rowspan="3">课后小结</td><td colspan="3" rowspan="3"></td><td rowspan="3">预计</td><td colspan="2">练习密度</td><td>强度</td></tr>
<tr><td>全课</td><td>内容主题</td><td rowspan="2">中上</td></tr>
<tr><td></td><td></td></tr>
</table>

第四章　基于标准的全员运动会项目设置

全员运动会是面向全体学生的盛会，是学校基于标准的教学成果的检验，在设置全员运动会比赛项目时需要充分考虑学生的学习成果，考虑学生年级、性别、个体差异、身心特点以及校内外的教育教学资源。正阳路小学成功举办六届全员运动会，选择和设计了一些学生熟悉的、简单易行的大众项目，其中既有竞技性的个人项目，也要有突出娱乐性、趣味性的集体性项目和亲子项目。以下内容为：素质专场、篮球专场、跳绳专场、足球专场四届全员运动会的项目设置。

第一节　全员运动会素质项目设置

一、一年级游戏

（一）毛毛虫

1.参赛人数：20 人/组（10 男 10 女）。

2.游戏规则：先后仰爬行 15 米（前面的同学爬到指定位置后面同学跟上），然后在 10 米轨道上爬行，组内所有同学完成，游戏结束，率先完成组为优胜组。

3.注意事项：裁判控制好学生起始爬行点。

（二）旋风跑

1.参赛人数：3 人/组、6 组/队、18 人/队。

2.游戏规则：学生在比赛场地一端的起点线后集体站立，听到“各就位”的口令后，各队第一组 3 人横排站立，共持一个长杆置于腹前，准备参加比赛；听到枪声后，各队的第一组学生开始共持长杆奔跑，跑到第一旗帜时，按规定方向做集体绕杆动作（形似旋风），绕过旗帜后继续向前跑（第二、三旗杆同第一根旗杆一样），绕过第四根旗杆后集体跑回起点，交给下组同学，队内所有同学完成，游戏结束，用时最少者获胜。

3.罚分方法：对在起点线之前位置交接杆的、对在中途有同学松手离开杆落队的、在比赛中做出危险动作的都要进行罚分。

4.注意事项：此比赛还需要很好的团队配合，需要进行演练和练习；比赛需要有耐力素质，需要在之前的体育课中加强锻炼；各组学生的能力要尽量一致，以保证速度一致。

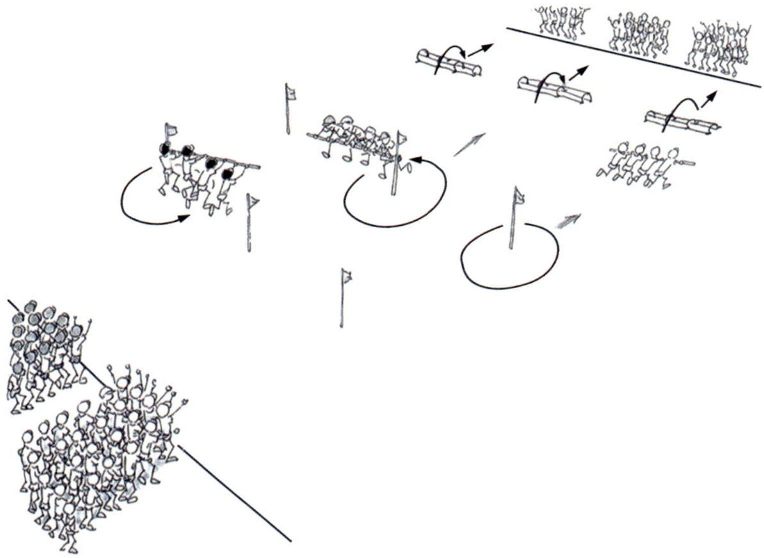

旋风跑

(三)袋鼠跳

1.参赛人数：20 人/组。

2.游戏规则：10 人迎面进行，学生站在布袋里面，俩手抓住两侧手提袋，往前跳。率先交换完位置的组为优胜组。

3.注意事项：裁判在游戏进行过程中注意学生安全，确保游戏有序进行。

(四)爱的印记(亲子项目)

1.参赛人数：10～15 名学生及其家长。

2.游戏规则：在比赛场地两端的起点线后集体站立，每端各 10 名学生及其家长，成纵队排列。听到"各就位"的口令后，各队的第 1 位家长和学生做"企鹅"姿势站立(家长和学生面对面站立，学生光脚站在家长的脚上)准备参加比赛。听到枪声后，家长和学生开始向前移动，形似企鹅带着小企鹅走路，如果学生的脚着地了，则必须重新站好，再继续比赛。比赛中家长不能将学生抱起以减轻重量，有抱起动作时被视为犯规。第一组学生与家长走到另一端之前，另一端的学生和家长已经做好“企鹅”准备动作，双方击掌后，另一端的学生和家长形成接力，以此形式延续接力。待各队全体同学“企鹅”走完，比赛结束，以结束的顺序（也可以以时间）为名次，决定胜负。

3.比赛场地：以绝大部分学生和家长需要一定努力可以完成的“企鹅”走的动作的距离为长度，以可以容纳同时参赛的团队为宽度的场地。

4.比赛道具：发令枪。

5.罚分方法：对集合和退场行动迟缓、在起跑线以外处击掌的、或没有击掌就进入比赛的、抱起学生的、学生脚着地的以及没有认真摆放鞋子等犯规和不规范行为进行罚分。

6.注意事项：此项比赛需要学生脱掉鞋子，脱掉的鞋子务必让学生摆好，以对学生及其家长进行文明规范的教育；“企鹅”走的距离不要过短，要有一定的挑战性，定在16米为宜；要提醒第一次参加比赛的家长要注意安全并不要犯规，双脚不能分离。

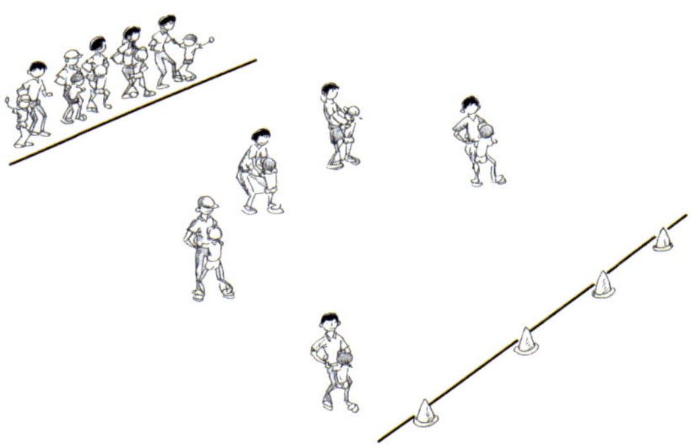

爱的印记

（五）钻山洞

1.参赛人数：16人/组（8男8女）。

2.游戏规则：学生在比赛场地的起点线后集体站立准备比赛。听到枪声后，学生跑到场地中间排成一路纵队。开始做“俯撑”动作，尽量将臀部抬起。裁判判断“俯撑”动作做好后，吹哨，后一组同学开始依次在前一组同学组成的“山洞”中爬行向前。爬出“山洞”的同学再依次做“俯撑”动作继续延长“山洞”，前面做“山洞”的同学待最后一个同学爬过后，也改作钻“山洞”的动作。待全体同学都爬过“山洞”后，后面同学双臂放于前面同学肩上进行单腿跳，冲过终点比赛结束，以结束的顺序（也可以以时间）为名次，决定胜负。

3.比赛场地：以全队足够做连续两次“俯撑”的距离为长度，以可以容纳同时参赛的团队为宽度的场地。

4.比赛道具：发令枪或口哨。

5.罚分方法：对集合和退场行动迟缓、动作不正确、动作抢先、没有按顺序钻“山洞”的行为酌情进行罚分。

6.注意事项：提醒学生在钻越“山洞”时，不要莽撞，要注意安全，特别要防止撞倒做“山洞”的同学。

钻山洞

二、二年级游戏

（一）最长的绳子

1.参赛人数：20 人/组（10 男 10 女）。

2.游戏规则：几个组的学生在场地一侧集合，各个组各成一路纵队排列；听到开始的哨声后，各个班的同学在裁判的统一指挥下依次（相距 10 米左右）跑入比赛场地，并从场地的另一端开始，做横叉动作的横排队（形成用双腿连成的“绳子”，直至依次排完连成完整的“绳子”；裁判员检查学生们是否脚脚相连，“绳子”有无断开的现象；裁判员最后判断哪个班的“绳子”最长，并按长短排出名次。

3.罚分方法：行动延缓、不听裁判指挥、有意犯规获利或做危险动作的要进行罚分，每人每次 2 分。

4.注意事项：此比赛要求学生有较好的柔韧性，必须加强练习和锻炼，适用于低年级的学生；比赛需要紧凑，不可拖沓，因此要培养学生雷厉风行的行事风格；此比赛可以配音乐以烘托气氛。

最长的绳子

(二)50 米跑(单程)

1.参赛人数：20 人/组(10 男 10 女)。

2.游戏规则：学生按班级成 5 列纵队，相隔 50 米迎面在准备线后站立，准备参加比赛；听到"各就位"时，各组第一人站在起跑线上做起跑准备，听到枪声后开始赛跑，跑至终点，每组按名次直至全体学生跑完；每组所有成绩累计相加，分数高的获胜。

3.罚分方法：有抢跑的本回合游戏计 0 分。

(三)投包入筐

1.参赛人数：10 人/组，不分男女。

2.游戏规则：学生从入场门入场后围绕在篮筐下面的圆圈上站好，每组 40 个沙包；听到"预备"时做好准备，听到枪声后开始投包，投不进的可捡起再投，直至停止的枪声响起，枪响后要立即停止投包，否则将被罚分；比赛停止后，各组的裁判员开始计数，以投进筐多的为胜利。

3.罚分方法：停止的枪响后再出手投出的沙包进入圈内，投的每人每次扣 2 分。

4.注意事项：罚分要力求准确、公正和公平；要鼓动全体同学一起计数，以烘托气氛。

投包入筐

(四)双人闯关(单程)

1.参加人数:20 人/组(10 男 10 女)。

2.比赛方法:两个队的学生在比赛场地一端的起点线后集体站立集合。在场地内摆放障碍物,(1)双人牵手冲刺跑,(2)两人匍匐前进,(3)两人滚动前进,(4)两人牵手跳跃呼啦圈前进,听到"各就位"的口令后,各队的第一对学生准备比赛。听到枪声后,各队的第一对学生开始两人拉手配合着克服三个障碍设施进行比赛,除匍匐前进外其他项目始终不能松开手,完成后,跑至终点。每组按名次积分,所有回合积分相加分数高的获胜。

3.比赛道具:发令枪、垫子、呼啦圈、标志桶。

4.罚分方法:比赛过程中,两人手有分开,本回合计 0 分,不遵守纪律每人每次扣 1 分。

5.注意事项:此项比赛需要两人的密切配合,需要事先的学习与练习;障碍物不可过多和过少,在 3~4 种为宜,本书只是范例性地介绍了四种障碍,合适的障碍还有很多,学校可根据实际情况创造出更好玩、更符合学生能力的障碍物,但要注意一定要有恰切的挑战性;双人运动会带来一定的危险性,要提醒学生注意安全;要提醒学生动作要保质保量,不要犯规。

(五)背靠背夹球跑(迎面接力)

1.参赛人数:40 人/组(20 男 20 女),两人一组。

2.比赛方法:两人一组背靠背,加紧软式排球,听到裁判口令后方可比赛,把球放到下一组背后,下一组方可出动。若球掉在地上,队员需以最快速度捡回球,回到球掉落的地方才能继续前进。

3.罚分办法:不遵守纪律和裁判安排,每人每次扣1分。未回到球掉落地方进行比赛的,每次扣2分。

三、三年级参赛项目

(一)斗鸡

1.参加人数:五个团队参赛,每个团队20名学生(10男10女)。

2.比赛方法:在操场当中,画一个直径8米的圆圈作为比赛场地。听到"各就位"的口令后,五队学生进入场地,每队派3名学生面对面散在场地中站立,听到"预备"的口令后,用双手抱起自己的一条腿,准备比赛。听到枪声后,学生开始用"斗鸡"的方式进行角力,迫使对方双脚着地和出界的即为胜利,失败者立即退出比赛、离开场地,本组再派一名队员入场接替失败者继续挑战,直至本组队员全部失败。而胜利者则可加入其他对手的战斗或帮助队友进行战斗。当某个团队所有队员都失败时,本队比赛完全结束,第一个失败的队伍计10分,第二个失败的队伍计20分,以此类推。第一名计50分。

3.比赛场地:直径8米左右的圆圈场地。

4.比赛道具:发令枪或口哨。

5.裁判人数:10个裁判。

6.罚分方法:对有试图掩饰自己失败的不诚实行为、有危险冲撞动作和用手推搡对手的行为,出现一次扣2分。

7.注意事项:此比赛比较好玩,也比较激烈,但有一定的危险性,需要对学生进行安全教育;此比赛需要学生有较强的单脚支撑能力,需要在体育课中进行有意识的锻炼。

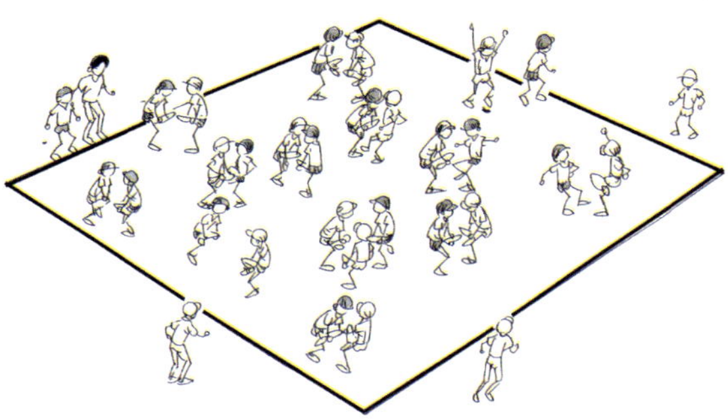

斗鸡

（二）五星追逐赛

1.参赛人数：10 男 10 女。

2.比赛规则：学生分 5 组站立在直径 30 米的圆圈内五星线上准备参加比赛；听到“预备”时，各组第一人站在圈外的起跑线上做起跑动作，听到枪声后持接力棒（圈）开始按逆时针进行追逐赛跑，跑一圈后，将接力棒（圈）传给第二个人，第二个人接着进行追逐赛跑（如果要超越前面的选手，必须从外侧超越），直到本组队员全部完成比赛，最先完成的队伍获胜。第一名计 50 分，第二名计 40 分，以此类推。

3.罚分方法：在跑步时踩着线的将被罚分，跑步时有不安全动作的将被罚分，每犯规一次在总分的基础上扣 1 分。

4.注意事项：场地要足够大，以防止比赛过短结束；接力时要注意防止碰撞，起点需要固定。

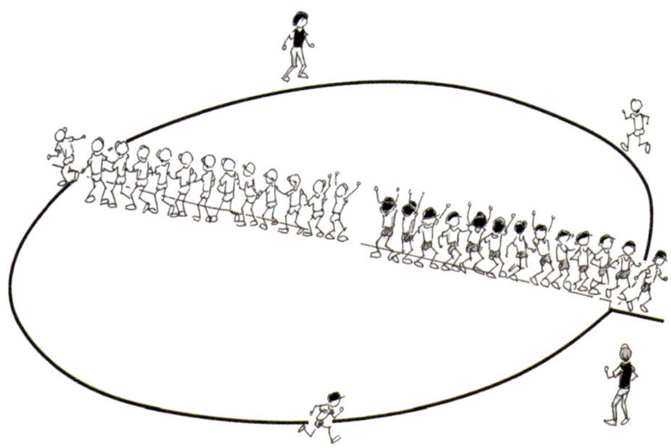

五星追逐赛

（三）寻找足迹

1.参赛人数：20 人/组，分两组进行。

2.比赛规则：听到“各就位”的口令后，两队的学生迅速混合交叉站立在圆圈线上，脱掉一只鞋；按裁判员的“向右转，齐步走，立定”的口令，逆时针走 7～8 步，听到“捡鞋”的口令后，每个学生捡起脚下的鞋，待大家都持有鞋后，裁判发出口令，听到口令后，学生将鞋奋力扔向圈外的方向；听到“捡鞋”的口令或哨声后，学生用单脚跳的方式去找鞋，此时必须是单脚跳，双脚着地即为失败（如果是低年级学生，可以规定一腿点地站立休息，但绝对禁止双脚的移动)；找到鞋后，穿好鞋，跑回圆圈内，找到相应颜色的裁判，在裁判指定位置快速站队，全部成员先跑回的组为第一名计50分，第二名40分，以此类推。

3.罚分方法：对其他同学有推搡等危险动作的、有不听口令等不规范的行为的进行罚分。出现一次在总分的基础上扣2分。

4.注意事项：此项比赛需要学生有较好的单足跳能力，因此需要加以锻炼；赛前要加强规则教育，裁判员还要严格地执法；班主任强调参赛学生的鞋子要用不同的颜色、形状等加以区分，防止大量的“撞衫”现象。

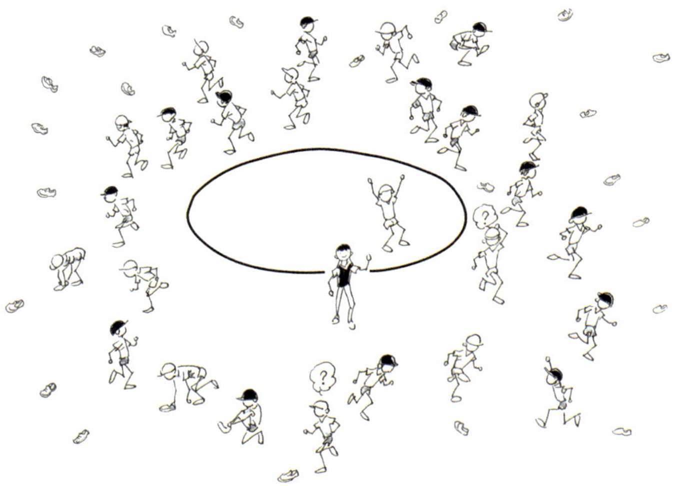

寻找足迹

(四)滚大球接力赛跑

1.参赛人数：10男10女。

2.比赛规则：学生从入场门入场后按团队站在起跑线后，比赛距离为30米，每个团队分两列纵队站立，各队的第一排的两名同学手扶着大球做好准备；听到枪声后第一排同学开始推着大球奔跑，路过两次障碍(标志杆)，到达终点线后直线返回(不用通过障碍)，第二组同学接到大球再跑，以此类推，完成接力，最后一排跑回起跑线后为完成比赛，先完成比赛的团队为胜利。第一名计50分，第二名40分，以此类推。

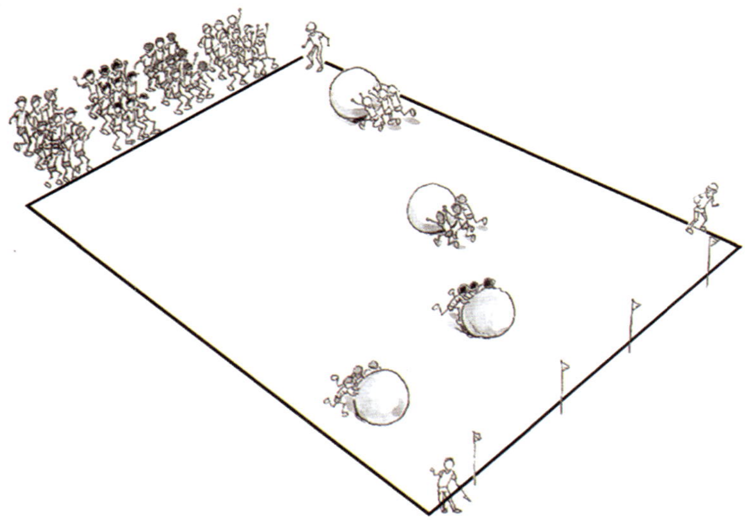

滚大球接力赛跑

(五)闯三关

1.参赛人数:20 人/组(10 男 10 女)。

2.比赛规则:分五组比赛,每组的第一位同学从起跑线开始爬(四肢着地)过体操垫,钻过圆圈,到终点原地运篮球 20 次。运完后直线跑回,与第二名同学击掌后第二名同学跑出。先完成的组为第一名,第一名计 50 分,第二名 40 分,以此类推。

3.罚分方法:爬行时四肢不着地者扣 2 分,钻圈时每漏一个扣 2 分,运球不够 20 次的扣 2 分。

4.注意事项:钻圈时注意安全,不要把圈碰倒。爬行时不是四肢着地的扣 2 分。

四、四年级游戏项目

(一)集体足球射门

1.参加人数:10 男 10,距离 12 米。

2.游戏规则:全体学生各持一个足球,成一臂间隔排成 2 列横队,在准备线后集合。听到哨声后,各自向球门内射门;第一排射门后迅速后退,第二排开始踢球。裁判员开始计数并记录,A 团队射门结束后,则轮换 B 团队开始射门,方法同样;全部比赛停止后,射进球门多的团队为胜利。

3.罚分方法：过线射门扣 2 分。

4.注意事项：要鼓动全体同学一起计数，以烘托气氛；如是高年级的比赛可用英语和汉语同时计。裁判强调安全。

集体足球射门

（二）投掷飞鱼

1.参加人数：10 男 10 女。

2.比赛规则：A 团队全体学生各手持一个飞鱼，成一臂间隔排成两列横队，在准备线后集合；听到裁判“各就位”的口令后，第一排学生迅速跑到投掷线后 3 米的投掷预备线处站立。听到哨声后，各自向目标线奋力投掷；然后第二排准备，依次开始。投掷完后，裁判员开始收集投过目标线的飞鱼，记录；A 团队投掷结束后，则轮换 B 团队开始投掷，方法同样；全部比赛停止后，投过及格线多的团队为胜利。

3.注意事项：不能过线，过线投掷一人次扣 2 分。裁判强调安全。

投掷飞鱼

（三）滑冰车

1.参加人数：10 男 10 女。

2.比赛规则：五个队的 10 名学生在比赛场地一端的起点线后集体站立，另 10 名同学在终点成一列纵队。各队第一名学生戴手套持一个滑板，第二名学生戴手套(30 米距离)。听到“各就位”的口令后，各队的第一排学生戴上手套，俯卧在滑板上，准备比赛。听到枪声后，各队的第一名学生坐在滑板上开始用手拨动地面，向前快速移动，形似划船。学生绕过折返点，趴在滑板上划回起点线，与第二名学生交换滑板后(并将手套交给第三名学生)，第二名学生开始进入比赛形成接力，以此形式接力至最后一排学生比赛完毕。以结束比赛的顺序(也可以以时间)为名次，决定胜负。

3.比赛道具：发令枪、与比赛团队相等的滑板、团队数一倍的手套。

4.罚分方法：对集合和退场行动迟缓的、在起跑线以外完成接力的、有其他不安全和不规范行为的要进行罚分。

5.注意事项：此项比赛需要戴手套以防伤手；要事先学习“划船”的动作，主要要防止向前扑倒，滑动的距离不要过短，要有一定的挑战性，根据学生能力而定；要提醒学生注意安全，并且不要犯规。

（四）搬运粮食

1.参加人数：6 男 6 女，分 3 轮进行，每轮次每队 3 人。

2.比赛规则：游戏分为 5 组，在 5 个呼啦圈内有 5 个足球，每队 3 个学生参加，每人每次只可以拿一个垒球，放回自己的呼啦圈内。30 秒后，比赛暂停，看哪个小组内的呼啦圈里足球最多为获胜。记 5、4、3、2、1 分。然后第二轮开始，方法同上。全部比赛结束后，根据总分评出第 1～5 名，分别记 50、40、30、20、10 分计入总成绩。

3.注意事项：比赛只可以抢球不可以防守，也不可以拉人。裁判强调安全。

（五）障碍接力赛

1.参加人数：10 男 10 女。

2.比赛方法：每队成一路纵队在起点站好，裁判哨声响起，第一名开始跳过跨栏架，然后钻过钻圈架，绕过最后一个标志杆从右侧跑回起点与下一名击掌，直到最后一名跑完为止。

3.注意事项：必须绕所有的标志杆。

4.场地器材：40 米距离。

五、五年级游戏

(一)50 米弯道跑

1.参加人数:10 男 10 女。

2.比赛方法:学生按班级成一列纵队在准备线(准备线在 50 米终点线后 5 米的位置上)后蹲立,准备参加比赛。听到“预备”时,各组第一人站在跑道的起跑线上做起跑准备,听到枪声后开始赛跑(50 米弯道跑),第一组跑出 10 米左右时,第二组起立跑到起跑线上准备起跑,第一组接近终点时,第二组起跑枪响,以此类推,直至全体学生跑完。

每组可取前三名计分,也可按名次计分,例如 6 名运动员时,则第一名 7 分、第二名 5 分、第三名 4 分、第四名 3 分、第五名 2 分、第六名 1 分。

3.比赛场地:加上弯道部分为 50 米的跑道。

4.比赛道具:发令枪。

5.裁判人数:发令员 1 人,终点裁判员若干人(每个跑道至少 1 人)、弯道裁判员 1~2 人。

6.罚分方法:在弯道跑步时踩线的将被罚分。

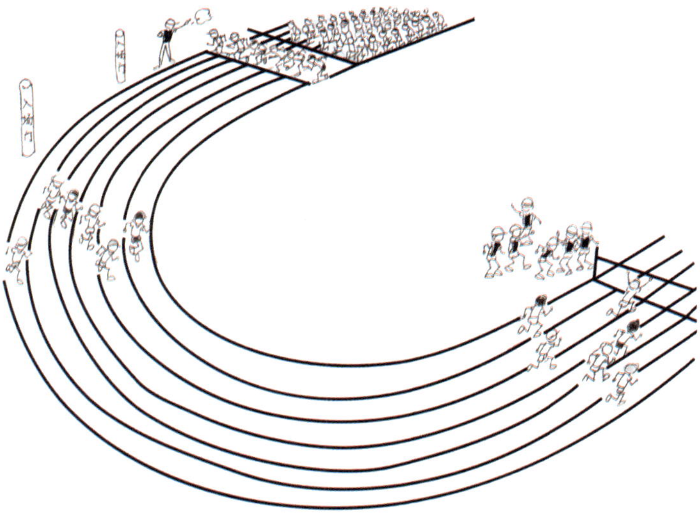

50 米弯道跑

（二）抬小猪

1.参加人数：每队 9 男 9 女。

2.比赛方法：五个队的学生各分成两小队在比赛场地两端的起点线后分别集体站立，准备参加比赛。听到“各就位”的口令后，各队的第一组学生做好“抬小猪”的动作（两个同学持一铁杆，另一同学双手双腿悬挂在杆上），准备出发。听到枪声后，各队的第一组学生开始配合前行，形似抬小猪跑；如果比赛中间学生从杆上落下，必须在原地重新挂上杆才能继续比赛。学生们跑到对面时，将杆交给对面的同伴，对面的学生迅速完成抬小猪的姿势。开始向回跑，以此形式接力至最后一组学生比赛完毕。比赛结束，以完成赛程的顺序（也可以以时间）为名次，决定胜负。

3.比赛场地：以绝大部分学生可以完成“抬小猪”的距离为场地的长度，以容纳同时参赛的团队为比赛场地的宽度。

4.比赛道具：发令枪、1 米 5 左右的铁杆若干根、足够的垫子。

5.裁判人数：发令员 1 人，4～6 名裁判。

6.罚分方法：对集合和退场行动迟缓的、在起跑线以外完成接力的、没有按规定动作完成比赛的、有其他不安全和不规范行为的要进行罚分。

7.注意事项：此项比赛需要一定的配合，特别是悬垂的同学需要有一定的悬垂能力，需要必要的练习和演练；场地的距离不要过短，要有一定的挑战性，要根据学生能力而定；为了增加趣味性和挑战性，可以把垫子摆成曲线；要特别提醒学生注意安全，抬同学的结束时要轻放同学。

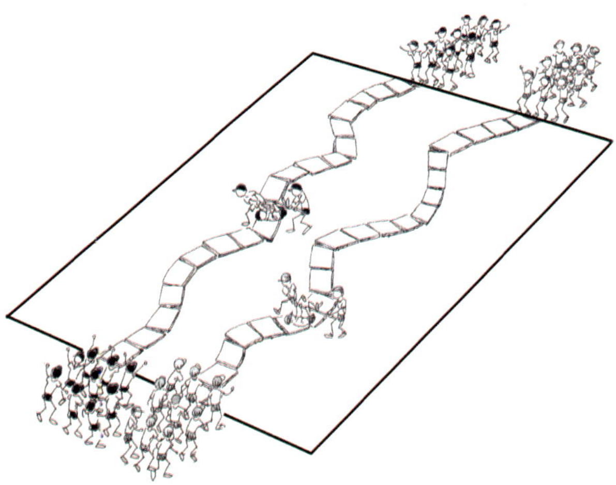

抬小猪

（三）打移动靶（亲子项目）

1.参加人数：每队10男10女。

2.比赛规则：场地的篮球架上栓一铁丝，上边挂一个用呼啦圈制作的“目标”（为一个大网兜，网兜的直径大小根据学生能力进行调整）。学生从入场门入场后在铁丝的一侧成横队站立，每人拿两个沙包。听到“预备”时，同学们做好投掷准备，听到枪声后，大网兜开始移动，同学们开始投包，“目标”的大网兜来回移动一次，同学们自己判断投包的时机，但不能捡起地上的包投掷，否则将被罚分。“目标”来回移动后，比赛停止，裁判员把本组投进“目标”大网兜的包放入计分筐内，等待最后的计数。第二个团队开始比赛，方法同样。各个团队都投掷后，比赛彻底结束，开始计数。在全场的统一计数的呼喊声中，几个裁判逐一从各队的计分筐里向外扔包，直至扔完举起计分筐示意，以投进筐多得的团队为胜利。

3.比赛场地：两个栏架之间、纵向半个篮球的场地（可以根据“目标”的直径和学生的投准能力进行调整）。

4.比赛道具：作为目标的大网兜、各种颜色的沙包、发令枪、各个团队的计分筐

5.裁判人数：发令员1人、裁判4名、拉动“目标”移动的裁判2人。

6.罚分方法：不得捡起地上的包投掷，否则每包罚1分，如进“目标”筐则每包罚2分。

7.注意事项：沙包和计分筐的颜色都应与队的颜色一致；“目标”的直径以及投掷距离应与学生能力相适应，不能投进太多，也不能投进的太少，简易的方式就是调整投掷的距离；罚分要力求准确、公正和公平；要鼓动全体同学一起计数，以烘托气氛。

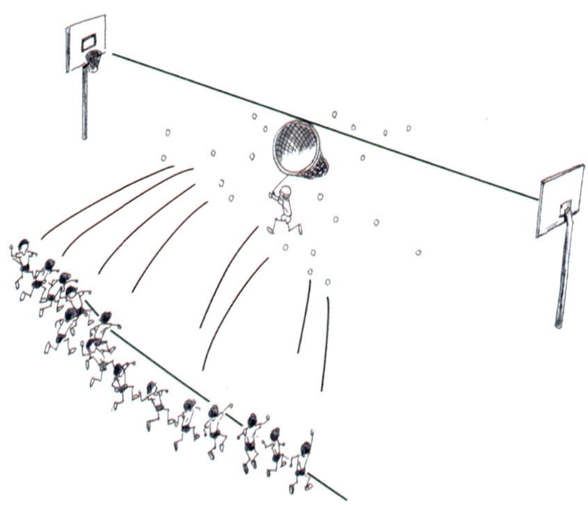

打移动靶

（四）一跃千里

1.参加人数：7 男 8 女。

2.比赛方法：男女分组，同一起点开始单腿起跳，跳跃一次，起点到落点为跳跃距离，比赛谁能跳的最远。可先自由分组。

3.注意事项：不能跨越，只能跳跃。

一跃千里

（五）屹立不倒

1.参赛人数：10 男 10 女，分两组进行。

2.游戏规则：学生首先把木棒竖直立在地上，撒开手后使木棒立得时间更久，然后撒开木棒后向前行进，后面同学跟进，迅速握住前方同学的木棒。

3.注意事项：不能随意挥动木棒，注意握棒的时机。

第二节　全员运动会篮球项目设置

一、一年级篮球游戏比赛项目设置

（一）翻山越岭

翻山越岭

比赛项目	翻山越岭
比赛年级	一年级
参赛人数	30 人/队（15 男 15 女）
比赛规则	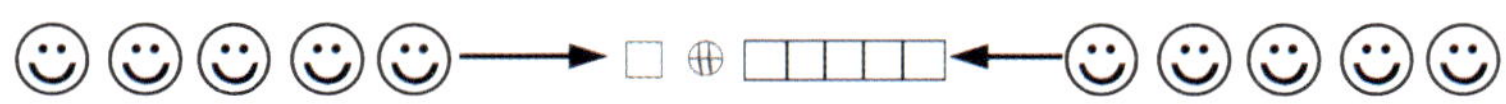 参赛学生分两队，对面站好，双脚跳过障碍，原地拍球 10 次，爬过敏捷梯，与对面学生击掌后到队尾站好，对面学生爬过敏捷梯，原地运球 10 次跳过障碍，依次进行，全队完成用时少的获胜
注意事项	双脚跳过障碍，注意安全
得（罚）分办法	犯规一次加时 5 秒（漏跳跨栏架，没有通过敏捷梯，原地运球次数不够）
比赛场地	足球场
器材准备	篮球 6 个，锥筒 12 个，横杆 6 个，敏捷梯 6 副，秒表 1 个
裁判安排	裁判 12 名

（二）过关斩将

过关斩将

比赛项目	过关斩将
比赛年级	一年级
参赛人数	30 人/队　（15 男 15 女）

续表

比赛项目	过关斩将
比赛规则	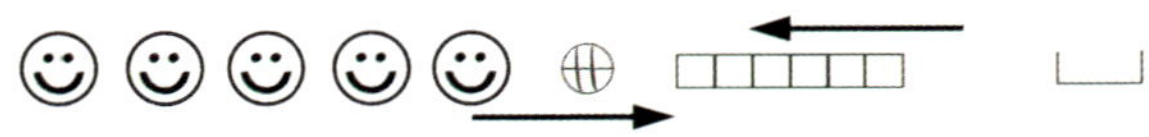 学生在起跑线后站好，听到哨声后原地拍球5次，抱球双脚跳过敏捷梯，将球抛进对面放好的篮球筐中，单腿跳过敏捷梯返回，与下一名学生击掌，依次进行，30人完成后，球筐内球数多的获胜
注意事项	
得(罚)分办法	超越起跑线扣1分，原地拍球次数不够扣1分，返回时双脚落地扣1分，返回后不击掌扣1分。扣分算入进球数内
比赛场地	足球场
器材准备	篮球180个，敏捷梯6个，篮球筐6个
裁判安排	裁判12名

（三）齐心协力

齐心协力

比赛项目	齐心协力
比赛年级	一年级
参赛人数	20人/队（10男10女）
比赛规则	 每班20人一组，每班一列站好，由第一名同学钻过圆圈、爬过体操垫、原地运球10次，将球放置原位从右侧迅速返回到队尾站好，依次进行，完成后全队举手，速度快的获胜
注意事项	按顺序站好，不允许出现插队现象
得(罚)分办法	原地运球次数不够的加时3秒计入比赛时间内
比赛场地	足球场
器材准备	篮球6个，固定圆圈6个，体操垫6个，秒表1块
裁判安排	裁判12名

二、二年级篮球游戏比赛项目设置

(一)争夺果实

争夺果实

比赛项目	争夺果实
比赛年级	二年级
参赛人数	30 人/队,距离 25 米
比赛规则	参赛选手在底线集合站成一列,篮球场中间放置 4 根标志杆,响哨后第一位同学开始推地滚球绕杆,到对面底线的宝箱内拿果实(可以是沙包、小球),然后拿球回来跟下一位同学接力,在规定时间(5 分钟)内果实最多的队伍获胜
注意事项	球与手不得分离,否则扣分
得(罚)分办法	5 分钟内队伍获得沙包数量多的得 60 分,以此类推,漏掉标志杆扣一个沙包
比赛场地	操场
器材准备	标志杆 24 根,沙包 120 个
裁判安排	裁判 12 名

(二)我是搬运工

我是搬运工

比赛项目	我是搬运工
比赛年级	二年级
参赛人数	20 人/队
比赛规则	参赛学生在篮球场上每 20 人一排,每位队员间隔两米。从第一位同学拿球抛给下一位同学,放入筐内后下一个球开始传递。依次类推,最后一名同学把球放入筐内,最后看哪支队伍筐内篮球最多获胜
注意事项	必须篮球进入筐内才能进行下一个,掉球不扣分但必须回到原位再次进行传球
得(罚)分办法	掉球后从起点继续开始,漏接球属于无效球
比赛场地	操场
器材准备	篮球 120 个,球筐 6 个
裁判安排	裁判 12 名

（三）运球夺宝

运球夺宝

比赛项目	运球夺宝
比赛年级	二年级
参赛人数	30 人/队
比赛规则	参赛学生在各队阵营（宝箱）后站队（足球场六角形），沙包散落在足球场中圈内，同学必须在行进间运球中抢夺地上的宝物（进圈可抱球），然后放回自家宝箱内，每次只能派一名同学出战。规定时间为 10 分钟
注意事项	强调安全，只能抢夺地面上的宝物，无论出战队员有没有抢到宝物都必须换下一名同学进行争夺
得（罚）分办法	不进行行进间运球拿回沙包属于无效得分
比赛场地	操场
器材准备	沙包 120 个，篮球 6 个，球筐 6 个
裁判安排	裁判 12 名

三、三年级篮球游戏比赛项目设置

（一）楚河汉界

楚河汉界

比赛项目	楚河汉界
比赛年级	三年级
参赛人数	30 人（15 男 15 女），距离 32 米，汉界相隔 2 米，两边各 15 米
比赛规则	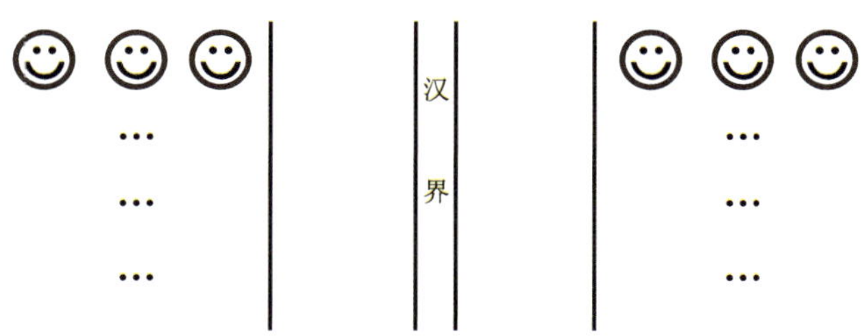 参赛学生分两队，对面站好，在准备线后集合。听到哨声后，每队排头持球直线运球前行；到达汉界后，用传球的方式将球交给对面队友，接球后运球直线回到原来队伍，依次进行，全部人员完成后，最先完成的团队为胜利
注意事项	裁判强调安全

续表

比赛项目	楚河汉界
得(罚)分办法	罚分方法:出现人球分离加 5 秒 计分办法:计时结束后,将罚分加入成绩里面,再排名,第一名计 60 分,以此类推
比赛场地	足球场
器材准备	篮球 12 个,标志杆 12 个,锥筒 12 个
裁判安排	每组需要 3 名裁判,共需要裁判 18 人

(二)争分夺秒

争分夺秒

比赛项目	争分夺秒
比赛年级	三年级
参赛人数	20 人/队(10 男 10 女)
比赛规则	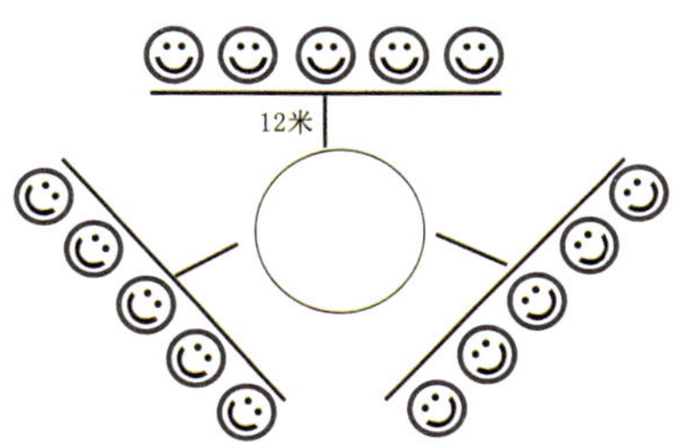 如图所示,分两大组,每小组三个队进行比赛。在圆圈内放置沙包 200 个,学生在标志线后站好,5 人一组,听到口令后,5 人同时运球到圆圈内捡沙包,捡到沙包后直线运球回去,下一组继续,每人每次只允许捡一个,直至圆圈内沙包捡完为止;以每组捡到的沙包个数判定胜负
注意事项	裁判强调安全
得(罚)分办法	罚分办法:出现人球分离减一个沙包 得分办法:扣除相应的扣分后,再排名,以每组捡取的沙包个数排名,最多的得 60 分,以此类推

续表

比赛项目	争分夺秒
比赛场地	足球场
器材准备	篮球筐 12 个，篮球 15 个　沙包 200 个
裁判安排	每组需要 2 名裁判，六组需要 12 名裁判

（三）投篮比多

投篮比多

比赛项目	投篮比多
比赛年级	三年级
参赛人数	30 人（15 男 15 女）
比赛规则	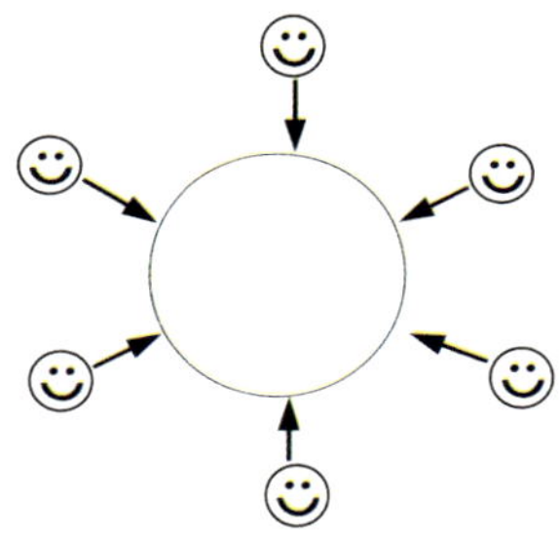 用半个篮球场，将学生分成人员相等的两队，分别站在投篮筐四周，四周放上篮球若干，第一队准备后，从旁边拿球开始投篮，计时两分钟，裁判记录投进的个数，然后换下一组，继续进行，时间也是两分钟，最终两组各自相加，投进次数最多的队伍获胜
注意事项	注意安全
得（罚）分办法	两组投进个数之和为该队最终成绩，第一名得 60 分，第二名 50 分，以此类推
比赛场地	篮球场
器材准备	篮球 180 个，投篮筐 6 个
裁判安排	每组需要 2 名裁判，六组需要 12 名裁判

四、四年级篮球游戏比赛项目设置

(一)挑战全明星

挑战全明星

比赛项目	挑战全明星
比赛年级	四年级
参赛人数	30 人/队(15 男 15 女)
比赛规则	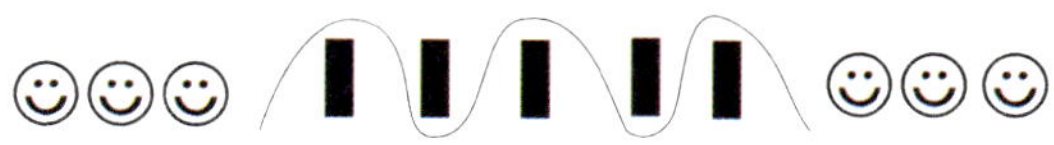 参赛学生分两队,对面站好,中间放置 5 根标志杆,听到哨声后运球绕过中间标志杆,用双手胸前传球的方法将球绕过圆圈传给对面学生,对面学生绕杆返回,依次进行,三分钟内完成人数多的获胜
注意事项	注意不能双手运球,遵守篮球规则
得(罚)分办法	如漏绕一根标志杆需返回漏绕标志杆重新绕杆(裁判提醒)
比赛场地	足球场
器材准备	篮球 6 个,标志杆 30 根,秒表 1 块,固定圆圈 12 个
裁判安排	裁判 12 名

(二)全员消消乐

全员消消乐

比赛项目	全员消消乐
比赛年级	四年级
参赛人数	20 人/队(10 男 10 女)
比赛规则	 画两条间隔 3 米的线,学生站在线后(两侧各 8 名,起点处跟投篮处各站 2 名),线的开头处用篮球筐放置篮球 10 个,线终端放置投篮架,哨声响后,排头拿球开始用胸前传球传递,传球完毕跑向接球队员位置站好,最后一名同学投篮完毕迅速返回起点,依次传过每一位学生,五分钟内进球数多的获胜

续表

比赛项目	全员消消乐
注意事项	跑动线路准确，勿漏传
得（罚）分办法	如漏传一人此次传递进球无效
比赛场地	足球场
器材准备	篮球 60 个，篮球筐 6 个，投篮架 2 个，秒表 1 块
裁判安排	裁判 12 名

（三）你投我抢

你投我抢

比赛项目	你投我抢（分两组进行，每组三队）
比赛年级	四年级
参赛人数	30 人/队（15 男 15 女）
比赛规则	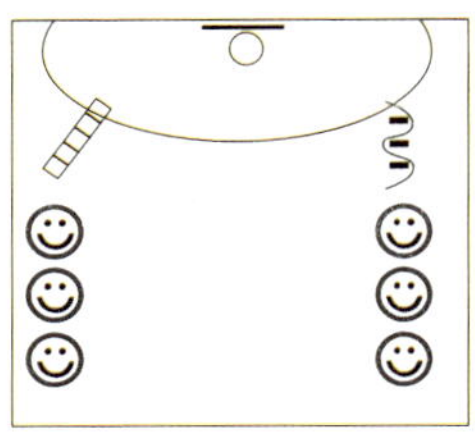 在半个篮球场内，平均分为两队，分别站在中线两端，一队负责运球、双手胸前投篮，另一队负责抢篮板，右侧学生从中场开始曲线运球绕过标志杆投篮，迅速通过敏捷梯到抢篮板队尾站好，左侧同学从中场迅速通过敏捷梯抢到篮板运球过标志杆到投篮队尾站好（用小步跑的方法通过敏捷梯），五分钟内进球多的获胜
注意事项	投篮或抢篮板后必须沿底线边线返回，避免冲撞
得（罚）分办法	漏绕一根标志杆扣 1 分，忘记通过敏捷梯扣 1 分，最终扣分算进进球数中
比赛场地	篮球场
器材准备	篮球 45 个，敏捷梯 3 个，标志杆 15 根，秒表 1 块
裁判安排	裁判 12 名

五、五年级篮球游戏比赛项目设置

（一）运球障碍投篮

运球障碍投篮

比赛项目	运球障碍投篮（勇闯天涯）
比赛年级	五年级
参赛人数	30 人/队
比赛规则	参赛同学底线后站队，运球绕过 5 根标志杆，再绕标志桶运球转三圈，最后进行投篮，投篮数多的队获胜。10 分钟规定时间，按照接力的形式来
注意事项	不准二次运球
得（罚）分办法	漏掉标志杆者扣 1 分
比赛场地	篮球场
器材准备	20 根标志杆，标志桶 4 个，篮球 4 个
裁判安排	裁判 12 名

（二）智慧传球

智慧传球

比赛项目	智慧传球
比赛年级	五年级
参赛人数	15 人/队
比赛规则	15 人分三角站位，5 人一组，然后进行一个球的绕桩后传球，传球者与接球者进行位置互换（站到队伍最后面），当三组人员位置全部互换后胜利
注意事项	运球者必须绕完标志杆传球
得（罚）分办法	掉球扣 1 分
比赛场地	操场
器材准备	标志杆 36 根，篮球 90 个
裁判安排	裁判 12 名

（三）绝地求生

绝地求生

比赛项目	绝地求生
比赛年级	五年级
参赛人数	20人/队
比赛规则	每位同学均持球在篮球场上运球，保护自己的球，攻击抢断其他组的篮球，球被别组同学拨球出界视为淘汰，每30秒缩小比赛范围（半场、三分线、三秒区），最后生存的同学胜。按淘汰顺序进行排名
注意事项	强调安全不得攻击持球人
得（罚）分办法	攻击其他队员犯规者，自动淘汰
比赛场地	操场
器材准备	篮球120个
裁判安排	裁判12名

第三节　全员运动会跳绳项目设置

一、第一轮比赛项目

（一）一分钟单摇

一年级一分钟单摇

比赛项目	一分钟单摇
比赛年级	一年级
参赛人数	20人/队（10男10女）

续表

<table>
<tr><td>比赛项目</td><td>一分钟单摇</td></tr>
<tr><td>比赛方法</td><td>
六组同时进行，10 名学生一组参加，其余队员等待；队员听到“各就位”的口令后，准备参加比赛；听到发令声后，各队的队员开始跳绳，听到裁判员“结束”的口令时停止跳绳。第二组队员根据以上规则重复进行，以此类推。跳绳个数相加，总个数最多的队伍为优胜队</td></tr>
<tr><td>得（罚）分办法</td><td>第一名 60 分，第二名 50 分，第三名 40 分，第四名 30 分，第五名 20 分，第六名 10 分</td></tr>
<tr><td>注意事项</td><td>失误后可继续进行，双脚跳算一次，左右交替跳不算，双摇不算</td></tr>
</table>

（二）一分钟单摇

二年级一分钟单摇

<table>
<tr><td>比赛项目</td><td>一分钟单摇</td></tr>
<tr><td>比赛年级</td><td>二年级</td></tr>
<tr><td>参赛人数</td><td>20 人/队（10 男 10 女）</td></tr>
<tr><td>比赛规则</td><td>
六组同时进行，10 名学生一组参加，其余队员等待；队员听到“各就位”的口令后，准备参加比赛；听到发令声后，各队的队员开始跳绳，听到裁判员“结束”的口令时停止跳绳。第二组队员根据以上规则重复进行，以此类推。跳绳个数相加，总个数最多的队伍为优胜队</td></tr>
<tr><td>得（罚）分办法</td><td>第一名 60 分，第二名 50 分，第三名 40 分，第四名 30 分，第五名 20 分，第六名 10 分</td></tr>
<tr><td>注意事项</td><td>失误后可继续进行，双脚跳算一次，左右交替跳不算，双摇不算</td></tr>
</table>

（三）一分钟单摇

三年级一分钟单摇

比赛项目	一分钟单摇
比赛年级	三年级
参赛人数	30 人/队(15 男 15 女)
比赛规则	 六组同时进行,10 名学生一组参加,其余队员等待;队员听到“各就位”的口令后,准备参加比赛;听到发令声后,各队的队员开始跳绳,听到裁判员“结束”的口令时停止跳绳。第二组队员根据以上规则重复进行,以此类推。跳绳个数相加,总个数最多的队伍为优胜队
得(罚)分办法	第一名 60 分,第二名 50 分,第三名 40 分,第四名 30 分,第五名 20 分,第六名 10 分
注意事项	失误后可继续进行,双脚跳算一次,双摇跳不算,可左右交替跳

（四）一分钟单摇

四年级一分钟单摇

比赛项目	一分钟单摇
比赛年级	四年级
参赛人数	30 人/队(15 男 15 女)
比赛规则	 六组同时进行,10 名学生一组参加,其余队员等待;队员听到“各就位”的口令后,准备参加比赛;听到发令声后,各队的队员开始跳绳,听到裁判员“结束”的口令时停止跳绳。第二组队员根据以上规则重复进行,以此类推。跳绳个数想加,总个数最多的队伍为优胜队

续表

比赛项目	一分钟单摇
得(罚)分办法	第一名 60 分,第二名 50 分,第三名 40 分,第四名 30 分,第五名 20 分,第六名 10 分
注意事项	失误后可继续进行,双脚跳算一次,双摇跳不算,可左右交替跳

(五)一分钟单摇

五年级一分钟单摇

比赛项目	一分钟单摇
比赛年级	五年级
参赛人数	30 人/队(15 男 15 女)
比赛规则	 六组同时进行,10 名学生一组参加,其余队员等待;队员听到"各就位"的口令后,准备参加比赛;听到发令声后,各队的队员开始跳绳,听到裁判员"结束"的口令时停止跳绳。第二组队员根据以上规则重复进行,以此类推。跳绳个数相加,总个数最多的队伍为优胜队
得(罚)分办法	第一名 60 分,第二名 50 分,第三名 40 分,第四名 30 分,第五名 20 分,第六名 10 分
注意事项	失误后可继续进行,双脚跳算一次,双摇跳不算,可左右交替跳

二、第二轮比赛项目

(一)"一带一"跳绳

"一带一"跳绳

比赛项目	"一带一"跳绳
比赛年级	一、二年级
参赛人数	40 人不分男女

续表

比赛项目	“一带一”跳绳
比赛方法	  2 人一组，1 人持绳，另一人相对或相向站立，两人协调配合，比赛开始，两人开始跳绳，绳子同时过两人身体即为完成一个动作，失误继续进行比赛，直到一分钟比赛结束，跳绳个数相加，总个数最多的队伍为优胜队
得(罚)分办法	第一名 60 分，第二名 50 分，第三名 40 分，第四名 30 分，第五名 20 分，第六名 10 分
注意事项	1.做好准备活动，避免肌肉拉伤，尤其是下肢 2.两人默契配合，注意节奏，循序渐进切不可急于求成 3.练习后可相互按摩放松，减轻肌肉酸痛 4.比赛过程中失误，继续计数，直到比赛结束，按照累计个数进行排名

(二)双人单绳

双人单绳

比赛项目	双人单绳
比赛年级	三年级
参赛人数	2 人/组（40 人不分男女）
比赛办法	  2 人一组，2 人并排站立各捏一绳柄，比赛开始，两人开始跳绳，绳子同时过两人身体即为完成一个动作，失误继续进行比赛，直到一分钟比赛结束，跳绳个数相加，总个数最多的队伍为优胜队
得(罚)分办法	第一名 60 分，第二名 50 分，第三名 40 分，第四名 30 分，第五名 20 分，第六名 10 分
注意事项	1.做好准备活动，避免肌肉拉伤，尤其是下肢 2.两人默契配合，注意节奏，循序渐进切不可急于求成 3.练习后可相互按摩放松，减轻肌肉酸痛 4.比赛过程中失误，继续计数，直到比赛结束，按照累计个数进行排名

（三）双人双绳单摇

双人双绳单摇

比赛项目	双人双绳单摇
比赛年级	四、五年级
参赛人数	2 人/组（40 人不分男女）
比赛办法	2 人一组，两人并排站立各捏一绳柄，比赛开始，两人开始跳绳，绳子同时过两人身体即为完成一个动作，失误继续进行比赛，直到一分钟比赛结束，跳绳个数相加，总个数最多的队伍为优胜队
得（罚）分办法	第一名 60 分，第二名 50 分，第三名 40 分，第四名 30 分，第五名 20 分，第六名 10 分
注意事项	1.做好准备活动，避免肌肉拉伤，尤其是下肢 2.两人默契配合，注意节奏，循序渐进切不可急于求成 3.练习后可相互按摩放松，减轻肌肉酸痛 4.比赛过程中失误，继续计数，直到比赛结束，按照累计个数进行排名

三、第三轮亲子、多人比赛项目

（一）“一带一”一分钟跳绳

“一带一”一分钟跳绳

比赛项目	“一带一”一分钟跳绳
比赛年级	一、二年级
参赛人数	20 人/队（10 名学生，10 位家长）
比赛规则	 家长与学生两人一组，一人持绳，另一人相对或相向站立，两人协调配合，音乐响起，两人开始跳绳，绳子同时过两人身体即为完成一个动作，失误继续进行比赛，直到音乐停止比赛结束，以班级跳绳总个数进行排名
得（罚）分办法	第一名 60 分，第二名 50 分，第三名 40 分，第四名 30 分，第五名 20 分，第六名 10 分

续表

比赛项目	"一带一"一分钟跳绳
注意事项	1.做好准备活动,避免肌肉拉伤,尤其是下肢 2.两人默契配合,注意节奏,循序渐进切不可急于求成 3.练习后可相互按摩放松,减轻肌肉酸痛 4.比赛过程中失误,继续计数,直到比赛结束,按照累计个数进行排名

(二)30 秒跳绳接力赛

30 秒跳绳接力赛

比赛项目	30 秒跳绳接力赛
比赛年级	三年级
参赛人数	20 人/队(10 男 10 女)
比赛方法	 以一个级部为单位同时进行,每组分为 20 个学生。一名运动员按比赛场地地面标志的数字顺序站位,并以 30 秒口令为信号,第一名运动员 30 秒单摇跳绳后,第二名运动员 30 秒单摇跳绳,第三名运动员进行接力 30 秒单摇跳绳,最后第四名运动员 30 秒单摇跳,依次类推,直到 20 名运动员都跳完。如中间失误继续进行比赛,最后将每名运动员的跳绳次数累积计数
得(罚)分办法	第一名 60 分,第二名 50 分,第三名 40 分,第四名 30 分,第五名 20 分,第六名 10 分
注意事项	1.做好准备活动,避免肌肉拉伤,尤其是下肢 2.20 人默契配合,注意节奏,循序渐进切不可急于求成 3.练习后可相互按摩放松,减轻肌肉酸痛 4.比赛过程中失误,继续计数,直到比赛结束,按照累计个数进行排名

(三)3 分钟绕“8”字

3 分钟绕“8”字

比赛项目	3 分钟绕“8”字
比赛年级	四、五年级
参赛人数	12 人/队(不分男女)
比赛方法	两人摇绳，10 人跳绳。从裁判员宣布比赛开始，10 人依次跳过长绳，人与人之间不能出现空摇绳现象，出现空摇绳即为失误。失误不计入跳绳次数，3 分钟内，跳绳次数多的队伍获胜
得(罚)分办法	第一名 60 分，第二名 50 分，第三名 40 分，第四名 30 分，第五名 20 分，第六名 10 分
注意事项	1.做好准备活动，避免肌肉拉伤，尤其是下肢 2.20 人默契配合，注意节奏，循序渐进切不可急于求成 3.练习后可相互按摩放松，减轻肌肉酸痛 4.比赛过程中失误，继续计数，直到比赛结束，按照累计个数进行排名

第四节　全员运动会足球项目设置

一、一年级足球游戏比赛项目设置

(一)“毛毛虫”

“毛毛虫”

比赛项目	“毛毛虫”
比赛年级	一年级
参赛人数	20 人/队(10 男 10 女)
比赛规则	队员在小体操垫上两手前支撑爬行至踩球点，然后到达踩球点进行踩球 10 次，踩球结束后两手后支撑面部朝上倒着爬至出发点，第一名队员返回出发点后和第二名队员进行击掌接力，后面的队员依次进行游戏 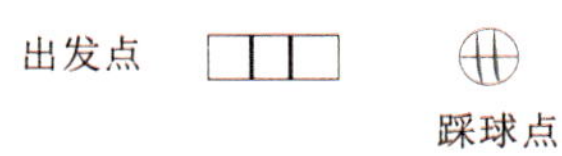
注意事项	不得在体操垫上跑动，踩球个数不得少于 10 个
得(罚)分办法	按照完成游戏所用时间，依次进行排名
比赛场地	足球场
器材准备	足球 6 个，体操垫 48 块
裁判安排	每一组分配 2 名裁判员

(二)“你来我往”

“你来我往”

比赛项目	“你来我往”
比赛年级	一年级
参赛人数	30 人/队(男女各 15 人)
比赛规则	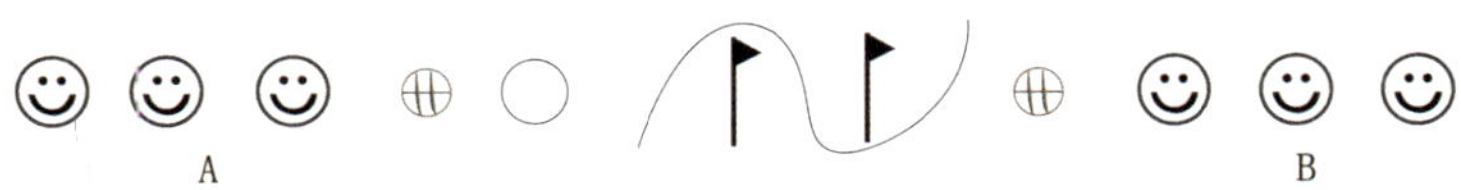 每队分为 AB 两组,每组 10 位队员。A 组的第一位队员先踩球 10 次,跳过呼啦圈,曲线跑绕过障碍物到达 B 组,与 B 组的第一位队员完成击掌接力后跑至 B 组队尾,B 组的第一位队员完成击掌接力后,踩球 10 次,曲线跑绕过障碍物,跳过呼啦圈后再与 A 组最前面的队员完成击掌接力。后面队员依次进行,最终完成 AB 组的交换
注意事项	在跳过呼啦圈时不得少跳、漏跳,每位队员踩球个数必须达到 10 个
得(罚)分办法	按照完成游戏所用时间,依次进行排名
比赛场地	足球场
器材准备	足球 12 个,呼啦圈 24 个,足球明星 12 个
裁判安排	在起点和终点分别有 1 名裁判,每位裁判负责一个小组,共 12 名

二、二年级足球游戏比赛项目设置

(一)“跋山涉水”

“跋山涉水”

比赛项目	“跋山涉水”
比赛年级	二年级
参赛人数	30 人/队(15 男 15 女)
比赛规则	 在距离每一队 50 米的地方分别放置一个足球,每名队员绕过障碍物后,经过“s”绕桩至足球处,拨球 20 次,然后跑回起点与队友击掌后,下一名队友出发。先完成的队伍为胜
注意事项	参赛队员需在线后完成击掌交接

续表

比赛项目	“跋山涉水”
得(罚)分办法	各队全部完成后，按完成时间长短排出名次，少绕一个障碍物从头开始，拨球次数必须完成后方可返回
比赛场地	足球场
器材准备	足球明星标志杆 36 根，钻圈架 12 个，足球 6 个
裁判安排	裁判 12 名

(二)马赛回旋

马赛回旋

比赛项目	马赛回旋
比赛年级	二年级
参赛人数	20 人/队(10 男 10 女)
比赛规则	 比赛采用迎面接力形式进行，每参赛队分成 10 人一队迎面站好，每名同学踩球前推至标志物处，将球停放在标志物旁，进行三次折返跑后回到有球的标志物旁，直线运球给下一名同学
注意事项	折返跑必须完成相应次数，直线运球时全程接触球的次数不得少于 10 次
得(罚)分办法	各队按完成时间排名，折返跑少做一个或直线运球接触球次数不够的，少一次加 1 秒
比赛场地	足球场
器材准备	标志桶 24 只，足球 6 个
裁判安排	裁判 12 名

三、三年级足球游戏比赛项目设置

(一)“山路十八弯”

“山路十八弯”

比赛项目	“山路十八弯”
比赛年级	三年级
参赛人数	20 人/组(10 男 10 女)

续表

比赛项目	“山路十八弯”
比赛规则	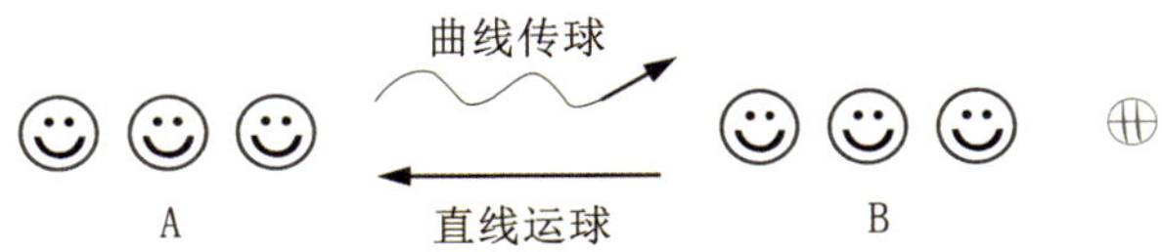 每组队员在A处开始游戏，先曲线运球到达B处，到达指定地点B处后拨球10次，然后直线运球到达A处与队员进行接力，下一位队员开始，依次进行
注意事项	每位同学需遵守游戏规则，若出现踢球现象，则在踢球处重新开始运球，否则增加相应游戏时间
得(罚)分办法	按照完成游戏所用时间，依次进行排名
比赛场地	足球场
器材准备	足球6个，足球明星(障碍物)18个
裁判安排	在起点和终点分别有1名裁判，共12名裁判

(二)保龄球

保龄球

比赛项目	保龄球
比赛年级	三年级
参赛人数	20人/队(10男10女)
比赛规则	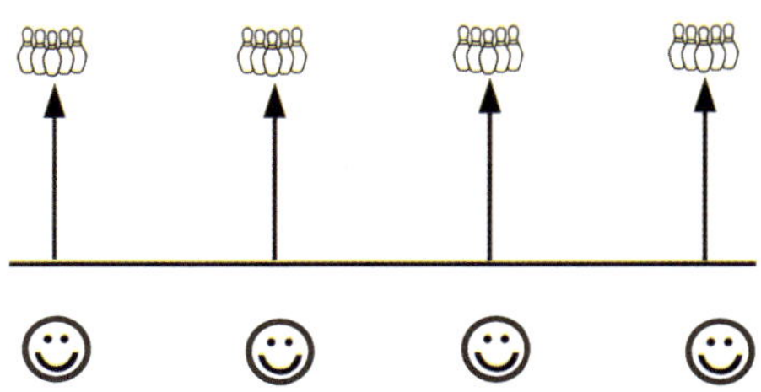 参赛队每名队员在禁区外等候，采用脚内侧踢地滚球方法，击倒门前摆放的障碍物，每队每人两次机会，每击倒一个该队得1分，最后，得分最高的队伍胜出

续表

比赛项目	保龄球
注意事项	地滚球撞击才有效，高空球从上而下击倒无效，所有动作必须在线后完成
得(罚)分办法	击倒一个瓶子得 1 分，瓶子晃动不倒不得分
比赛场地	足球场
器材准备	水瓶 60 个，足球 6 个
裁判安排	裁判 12 名

四、四年级足球游戏比赛项目设置

(一)“救火队员”

“救火队员”

比赛项目	“救火队员”
比赛年级	四年级
参赛人数	20 人/队
比赛规则	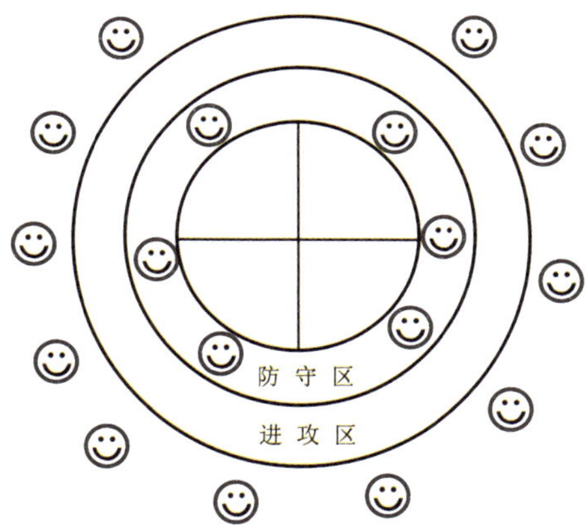 六支队伍以抽签的方式决定两支队伍为一个小组，分为进攻方与防守方(进攻方 20 人，防守方 10 人)。防守方在防守区内防守，不允许进到中心圈。进攻方在半径为 13 米的圆圈上，当听到裁判哨声响起后，进攻方需要在外圈线外寻找空挡将球踢进中心圈内，防守方需要通过不停地移动阻止进攻方踢球进圈。哨声结束后，两队互换。比赛结束后，根据圆圈内的球的数量计算成绩
注意事项	圈外进攻球队员需在标志线后面踢地滚球，踩线、过线进球无效。圈内防守队员不允许将中心圈内的球踢出。发现一人次，给对方加一球
得(罚)分办法	1 分钟时间，看哪个队射进中心圈的球的数量多，排出名次
比赛场地	足球场半径为 9 米和 10 米、直径 13 米的圆圈

续表

比赛项目	“救火队员”
器材准备	足球 100 个，哨子 1 个，海绵垫 6 块，跨栏架 18 个
裁判安排	裁判 12 名

（二）“勇往直前”

“勇往直前”

比赛项目	“勇往直前”
比赛年级	四年级
参赛人数	20 人/队
比赛规则	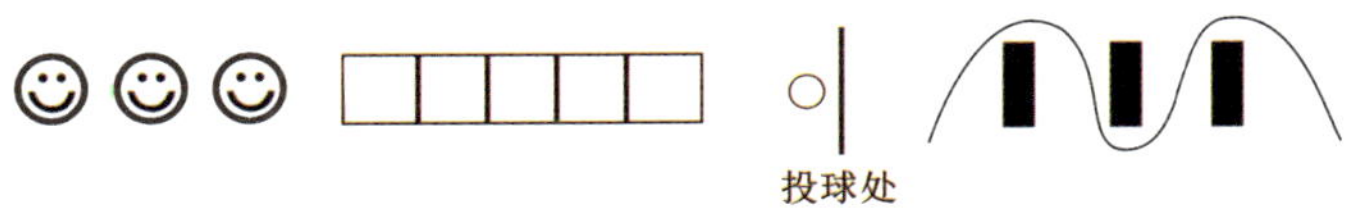 每队按照纵队站在起点处，裁判哨声响起后，进行闯关 第一关：按照要求跑过敏捷梯（两脚进，两脚出，再两脚进，再向前进一格，重复），没有按照要求需要返回起点重新开始 第二关：跑过绳梯后到投球处投球，不成功须继续投 第三关：投球后，跑到下一个关卡，运球绕桩，到头后返回运球绕桩回到拿球点，把球放好，跑回队伍与下一名队员击掌，下一名继续，直到最后一名队员返回，比赛结束
注意事项	在哪里失误须在该地方完成才可以进行下一项
得（罚）分办法	按照比赛结束时间分出名次
比赛场地	足球场
器材准备	足球 12 个，哨子 1 个，敏捷梯 6 个，注水旗 6 面，标志桶 18 只
裁判安排	起点裁判 6 名，终点裁判 6 名

五、五年级足球游戏比赛项目设置

（一）“蚂蚁搬家”

“蚂蚁搬家”

比赛项目	“蚂蚁搬家”
比赛年级	五年级
参赛人数	20 人/队

续表

比赛项目	“蚂蚁搬家”
比赛规则	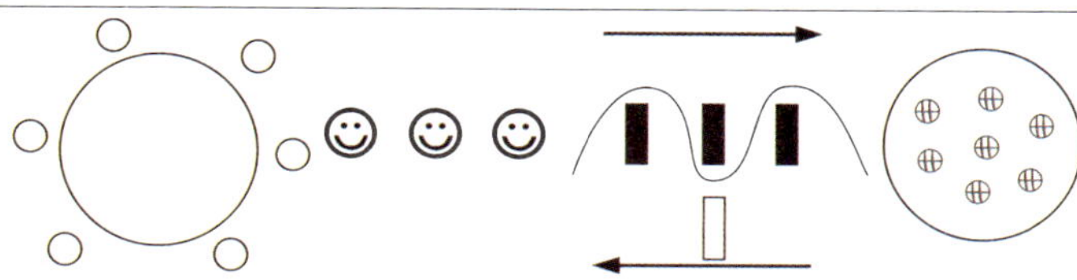 六支队伍分别站在足球场规定的位置上，在足球场圈中放置120个球，哨声响起，每个队第一名队员穿越障碍（跑过标志盘后，倒着绕过第一根标志杆，然后绕过第二根，再倒着绕过第三根标志杆跑向圈中拿球），然后跑到圈中拿一个球，运球绕桩，把球踢过前面的球门，跑过小球门下一个才能继续。踢完球的同学从球门上绕过拿球放到自己方呼啦圈内。直到圈中所有的球被带回到队伍后比赛结束，按照每个队伍完成的时间排名次
注意事项	必须去的时候穿越障碍，回来的时候绕桩；在横线前把球穿过前面的小球门，人从边上绕过拿球放到自己方呼啦圈内
得（罚）分办法	在哪里失误在哪里重新开始
比赛场地	足球场
器材准备	足球120个，呼啦圈6个，哨子1个，标志盘72个，标志杆24根，小球门6个（可用跨栏架装饰）
裁判安排	起点裁判6名，途中裁判6名

（二）九宫格

九宫格

比赛项目	九宫格
比赛年级	五年级
参赛人数	30人/队（15学生15家长）
比赛规则	在九宫格前面10米横线上，队员在规定的点上踢球，（距离6米）每人2个球，家长在10米距离踢球，学生踢球，家长去捡球，家长踢球，学生去捡球。踢到九宫格处按相应的分值加分 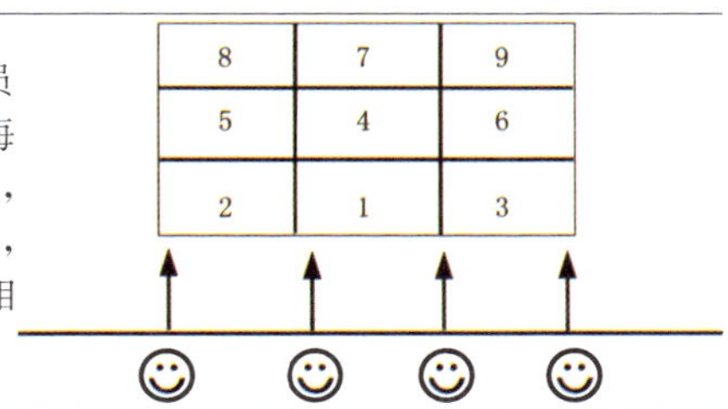
注意事项	球必须在线上或线外，不允许靠前
得（罚）分办法	按照相应分值进行加分
比赛场地	足球场
器材准备	足球120个，九宫格2面
裁判安排	裁判12名

第五章　全员运动会纪实成果

第六届全员运动会解说词：

传承红色经典，致敬建党百年，聚焦核心素养，彰显综合实力——正阳路小学运动会胜利召开。

烟柳含翠，迎春送香，彩旗招展，百花斗艳。4月的校园到处生机勃勃，孩子们神采奕奕。“迎面走来的是德育方阵，八支队伍分别向大家呈现了8个党史故事。重温党史，不忘党恩，引领我们不断前进……”伴随着解说员慷慨激昂的声音，周村区正阳路小学第六届全员运动会正式拉开帷幕。

第六届全员运动会

童心向党，致敬红色经典

今年是建党100周年，我们安排8个红色经典故事方阵走在队伍最前端，就是要旗帜鲜明讲政治，坚定信心跟党走，把爱党爱国贯穿学校教育始终，让听党话、跟党走在全体师生中入脑入心。学校运动会以“童心向党，绳彩飞扬”为主题，旨在倡导学生全面发展，培养运动兴趣，强健身心素质，提升核心素养，同时提供广阔舞台，展现新时代学生风貌、学校风貌，致敬红色经典，向建党100周年献礼。

学校不仅组织了经典红色故事方阵展示，还编排了学生合唱《卢沟谣》，教师合唱《红旗飘飘》《祖国万岁》，“五老”志愿者合唱《没有共产党就没有新中国》等节目。学校制作了巨幅宣传海报，校园内遍布彩旗，红色灯箱分外醒目，孩子们手捧国旗，加油呐喊，红色主题、家国情怀随处可见，校园内到处洋溢着喜悦和对伟大祖国的感恩赞美之情。让学生深深体会到“从历史来看，是中国共产党领导我们由弱变强，从一穷二白、任人宰割到独立自主、国富民强。从当下看，正是在中国共产党的领导下，我们取得了抗击疫情的决定性胜利，我们才能安心相聚，我们的全员运动会才能如期举办……”

开幕式花絮：

国旗班方阵

彩旗队方阵

花束队方阵

中共一大方阵

南昌起义方阵

新中国成立方阵

改革开放方阵

香港、澳门回归方阵

奥运会方阵

精准扶贫方阵

“五老”志愿者方阵

“五老”志愿者合唱

区老年体协腰鼓队展示

音乐教师小合唱

合唱社团学员小合唱

学生为本，聚焦核心素养

“中国学生发展核心素养以培养‘全面发展的人’为核心，分为文化基础、自主发展、社会参与三个方面，综合表现为人文底蕴、科学精神、学会学习、健康生活、责任担当、实践创新六大素养，我从一开始就定调，我们的运动会，绝不能只是简单的跑、跳、投、掷的角力，而是要以运动会为契机和舞台，渗透时代背景，关注学生，聚焦核心素养，促进他们全面发展。”

的确如此，学校获得“山东省首届省级文明校园”称号，该校秉持“养正向阳”的校训精神，深入挖掘“正”字文化精髓，以培养“博学、创新、健体、尚美、向善”的正阳学子为目标，打造学校“正学”课程，取得了丰硕成果。正体强体魄，正德育人格，正行重创新，正知明智慧，正雅生情趣，“五正”教育深入人心。全员运动会既是一场别开生面的运动会，也是一台大型的素质教育成果展演，更是一份向正阳少年发出的提升核心素养的邀约。中国鼓、传统腰鼓、书画展、中华武术展充分体现了传统文化和人文底蕴；展演项目的多样性和创新性，激发的是他们的奇思妙想，鼓励同学们实践创新；融媒体直播、无人机录像、植物扫码介绍使运动会充满了科学趣味；在与对手的交锋中，场上运动员切磋学习，场下观众加油喝彩，锻炼的是运动员们的拼搏、担当与奉献。

打击乐社团展示

师生书画才艺展示

武术社团展示

击剑社团展示

冰壶社团展示

轮滑社团展示

篮球社团展示

篮球社团展示

手球社团展示

足球社团展示

田径社团展示

跆拳道社团展示

舞蹈社团展示

合唱社团展示

朗诵社团展示

项目设置的创新性与全员性

学校教师编排的绳操，融单摇、双摇、左右跳、弓步跳、开合跳、绕“8”字跳等十余种跳法，结合轮滑、短跑、瑜伽等数十种运动，进行 20 分钟的集中展示。绳操编排的同时，学校老师根据教学内容，结合学生年龄特点，设计“绳彩飞扬，童心向党”全员运动会竞赛项目，全员参与，给每一位学生提供展示自我的机会，培养学生体育学科核心素养。本届运动会，学校根据时间安排设计了 15 项绳类比赛内容，具体项目包括：1～5 年级个人单摇，1～5 年级双人单绳、双人双绳，1～2 年级的亲子项目（一带一），3 年级 30 秒跳绳接力，4～5 年级集体绕“8”字。奖项设置上既有团体总分奖牌，也有道德风尚表彰，运动员在场上展示出了高超的竞技水平，也彰显了良好的精神风貌，赛出了友谊，赛出了水平！

校园绳操

集体跳绳绕“8”字

比赛项目：3 分钟绕“8”字

比赛项目:1 分钟单摇

金牌的味道

胜利的喜悦

优胜队合影留念

万众一心，彰显综合实力

“看似寻常最崎岖，成如容易却艰辛”，每次运动会的成功举办得益于区委区政府和区教体局的指导支持，也饱含了全校师生的心血，更离不开五老志愿者、家委会、校外辅导员、融媒体中心的大力支持。紧凑的环节设计，紧密的赛程安排，紧张的比赛情节，处处彰显了学校精准周密的部署。我们认为“全员运动会是对学校动员能力、协调能力、办事能力的一次集中检阅，彰显了学校的综合实力；也是对正阳学子精神文明、体质强弱、艺术修养的大考，展示了正阳学子的综合素养”。

往届全员运动会精彩瞬间

第三届全员运动会开幕式

第四届全员运动会开幕式

第五届全员运动会开幕式

校长展示优胜旗

少年强则国强

校园篮球操

小篮球大梦想

校园篮球操

校园素质操

武术社团展示

轮滑社团展示

陆地冰壶展示

我要去比赛

比赛项目：保龄球

比赛项目：翻山越岭

比赛项目:滚大球

比赛项目:过关斩将

比赛项目：九宫格

比赛项目：双人闯关

比赛项目：争夺果实

比赛项目：智慧传球

比赛项目:最长的绳子

快乐袋鼠跳

我的未来不是梦！

空中篮球大聚会，如花绽放！

第六章　结　语

体育分项式教学推进构建全员运动会新样态

李　强　毕迎玉　田英浩

2018 年，我校《体育分项式教学推进构建全员运动会新样态》在淄博市教育创新项目中立项，几年来此项目经过学校干部、老师们的共同努力，创新项目经过初审、复审以及答辩会上激烈的答辩，最终荣获 2021 年淄博市教育创新成果奖（市级唯一一个教育创新类体育项目）。

一、项目简介

为全面贯彻落实习近平总书记关于教育、体育的重要论述，《中共中央国务院关于加强青少年体育增强青少年体质的意见》，《教育部办公厅关于在义务教育阶段中小学实施"体育、艺术 2+1 项目"的通知》，《关于全面加强和改进新时代学校体育工作的意见》和《〈体育与健康〉教学改革指导纲要（试行）》的精神，针对社会和学校存在重智育、轻体育的倾向，学生课业负担过重，休息和锻炼时间严重不足，青少年耐力、力量、速度等体能指标持续下降，城市超重和肥胖青少年的比例明显增加，学生心理健康状态有待加强的现状。我校结合自身实际情况和对学生体育兴趣问卷调查结果，以学生每人掌握两项体育特长为基点，于 2016 年 9 月开始实施体育"定项一分级"分项式教学，"定项一分级"分项式教学是指在体育实践教学活动中，依据不同年龄阶段学生的实际身体素质、行为认识能力，把规定教学内容分级、分层次合理安排到课堂教学中的一种教学形式。把学生最感兴趣的足球、篮球、运动技能、跳绳和手球等项目列为教学主项目，通过把这些项目分级、分层次合理安排到每个年级的体育教学中，形成纵向的、连贯的教学体系，让学生在五年的学习中系统地学习这些项目并掌握其中的 1～2 项技能。并以教会、勤练、常赛为基本原则，建立以课堂教学为基础，全员运动会为评价的体育评教一体化的体系。通过把教学内容设计改编为竞赛项目，形成不同年级、相同项目、评价侧重点不同的比赛项目体系，把这些不同的比赛项目体系整合，形成全员运动会比赛项目，每年一新，五年一轮，就将构建起以教学内容为比赛项目的全员运动会新样态。

二、主要创新点

（一）开展“定向—分级”的分项式教学

学校全面践行课程理念，积极开展基于体育与健康课程标准的教学，最终形成了坚持“为每一个孩子提供更优质的教育服务”教育理念和“以人为本，健康第一，终身体育”的体育宗旨，通过对学校学生的基本身体情况、兴趣爱好、教学现状，课程资源和传统项目等因素的调查与分析，确定了学生最喜欢的足球、篮球、运动技能、跳绳和手球等为主要教学项目，同时结合我校体育教师自身专业特点，我们把体育课按照项目，一到五年级分级开设“足球”“篮球”“运动技能”体育课程，其中一二年级每周足球课一节，篮球课一节，运动技能课二节；三四五年级足球、篮球、运动技能各一节。通过把这些项目分级、分层次合理安排到每个年级的体育教学中，形成纵向的、连贯的教学体系，符合学生各学段特点与发展需求，使教学内容更加富有逻辑性、系统性和衔接性，也是消除体育课程教学长期存在的繁（项目繁多）、浅（蜻蜓点水）、偏（缺乏系统）、断（学段脱节）现象的一种尝试。通过教学使学生在不同学段都具有相应的基本运动能力，有效呈现螺旋上升的基本运动技能教学。

1.足球课程

我们认真落实国家对全国青少年校园足球特色学校的要求，一到五年级每周一节足球课，与新课程改革相结合，认真做好校本研究，将足球知识专题教育纳入学校课程，形成一到五年级的《足球课程纲要》，并将学习情况记入学生成长档案。成立旋风少年足球社团，每周五下午 1 个小时的社团课。每周一到周五训练 1.5 小时，周六、周日训练 3 个小时，寒暑假照常训练，充分保证训练时间。校内有专门的足球墙，学生的绘画、手抄报、作文、摄影通过足球墙展示给学生；每年 11 月份举办以“校长杯——爱·足球 梦·起航”为主题的足球文化节；每学期组织校内足球联赛；每年全员运动会，以简化技术要求的方式进行足球项目比赛，对学生的学习情况进行检测，实现“教—学—评”一体化。2017 年，我校被评为“全国青少年校园足球特色学校”。

2.篮球课程

学校建有标准规格的室内篮球馆，标准橡胶篮球场地 4 个，篮球架 5 副，儿童室内升降篮球架 8 副，每个班级配备篮球置放架 1 副，5 号篮球配备除训练 300 个之外，每生再配备一个篮球，并不断得到补充，能满足篮球教学工作的需求。我校配置了六名篮球专业教师，均为运动训练专业篮球专项的教师，国家二级运动员，并进行了充分的上岗培训。学校每一个班级每周开设一节篮球课，一至五年级均保证按时上课教学。体育教研组通过集体教研，把小学涉及到的篮球教学内容进行纵向的整合，根据学生的认知水平和实际情况，把篮球教学内容分层、分级合理设计，让每个不同年级的学生在各自年龄阶段学习适合的篮球内容，并开设篮球社团、篮球训练队等来完成学生技能的延伸，让优秀学生有更好的发展。

（二）构建“每年一新，五年一轮”的全员运动会新样态

以促进学生全面发展为目标，我校科学设置体育锻炼、比赛项目和形式，形成“每年一新，五年一轮”的全员运动会样态。“全员参与，关注差异”的全员运动会，是基于体育与健康课程标准下课堂教学内容的展示，既培养了学生终身体育锻炼的意识，也发展了学生的体育核心素养。

我校融合了多学科的知识内容，设置全员运动会专场，内容涉及运动技能、篮球、足球、手球、绳类等项目，创编了校园素质操、垫上操、平衡操、篮球操、绳操，确保“每年一新，五年一轮”，既培养了孩子们的团队合作意识和终身体育锻炼意识，又提高了思维能力，增强了体魄，促进学生健康成长、全面发展。孩子们在运动中健身，在健身中快乐，在快乐中体会参与、合作、拼搏的真正意义。

（三）探索形成评教一体化的课程实施模式

基于体育与健康课程标准，通过实施“定向—分级”的分项式教学，每个学生都在各自年龄阶段学习到新的技能。全员运动会既是学生运动技能的展示舞台，也是每个学生健康水平、运动意识提升的机会。经过几年的探索，我校逐步探索出了基于体育与健康课程标准，以全员运动会展评为评价载体，以分项式教学为课程实施路径，实现教学目标、教学内容、教学评价一致的评教一体化的课程实施模式，促进了体育核心素养的落实。

全员运动会推动阳光大课间内容与形式的改革，融合了学校体育品牌特色项目，促进了教学内容的整合。全员运动会提高了教师的科研能力，促进了教学资源的研究和整合。在“学（课堂教学）—练（大课间、社团）—赛（全员运动会、校级联赛）”三位一体的体育活动中，让学生把学到的技能充分展示，激发学生体育锻炼和学习的兴趣。

三、项目取得的标志性成果

（一）学生方面

1.学生体质健康成绩逐年提高

尝试分项式教学模式，开展足球、篮球和运动技能三类体育课程，引导学生在知

识、品质、能力、个性等方面和谐、全面、可持续发展。2019 年良好率比 2018 年增长了 2 个百分点，优秀率增长了 5.3 个百分点；2020 年良好率比 2019 年增长了 1.4 个百分点，优秀率增长了 1 个百分点。

2.学生近视率逐年降低

2019 年学生近视率比 2018 年降低了 3 个百分点，2020 年比 2019 年降低了 5 个百分点。

3.学生的心理健康得到保障

学生在每天的体育活动中可以充分享受生活，在快乐中学习和成长。学生学业文化水平逐年提高，逐渐拥有完善品格，有自杀和抑郁倾向者为 0。

4.体育技能发展成效显著

所有学生能够掌握两项及以上的体育特长。五年来，在省市区各级各类正式的体育竞赛中，我校学生共获得约 426 枚金牌，305 枚银牌，388 枚铜牌。李金恣同学在全国青少年 U 系列滑冰赛、全国速度轮滑锦标赛等全国比赛中屡夺冠军，学校田径队在全区连续蝉联六届田径运动会冠军，荣获市田径联赛亚军。此外，学校还获得淄博市青少年篮球比赛冠军、季军，淄博市青少年手球比赛第二名，淄博市中小学生体育联赛田径比赛团体总分第二名，连续蝉联六次全区田径运动会冠军；在武术、轮滑、手球、气排球、跳绳、踢毽子、乒乓球、羽毛球等多项比赛中多次获区冠军。

学生的体育技能发展，也得到了社会各界的认可。校园绳操在山东省“奔跑吧，少年”青少年主题健身活动中展演，校园素质操、垫上操在淄博市“魅力体育，健康成长”学校体育活动中展演，并获得“淄博市阳光体育展演优秀组织单位”的称号。校园素质操、垫上操、平衡操、绳操分别在周村区全民健身活动中展演。

学生的成长，也带动了家庭体育的热潮。学校体育工作理念得到了家长支持，通过定期举行训练队家长会，组织家长与学生的对抗赛，将周末互联网线上教学模式以及家长到校帮助训练的模式结合，目前我校有多名学生家长陪同学生一起进行锻炼，家长也更加重视孩子身心健康和体育运动，对学校越来越满意。

（二）教师专业成长方面

通过开展分项式教学，老师们在创新意识、创新能力和实践能力方面有了明显的提升，他们在教学过程中以研究者的心态置身于教学过程中，以研究者的眼光审视和分析体育教学理论与教学实践中的各种问题，促进了教师体育教学技能的提升。我们的老师经历了“实践—反思—再实践—再反思”的螺旋式的上升过程，实现了专业化的发展与成长。

1.课程教学成果丰富

崔晴晴荣获山东省优课一等奖，毕迎玉、田英浩、王群等执教区级公开课十五节、区级优质课一等奖三节。毕迎玉被评为“淄博市骨干教师”，田英浩被评为“周村区首席教师”，王群被评为“周村区骨干教师”。

2.论文论著等成果丰富

一是研制形成了五年一贯制的足球、篮球课程纲要；二是毕迎玉等 12 人次在市区教研会上作专题发言；三是有 10 篇论文在国家级期刊发表。

3.课题研究成果丰富

我主持的省级课题“以课堂评价促进核心素养落实的小学课例研究”在 2020 年结题，同年主持的省级课题“小学中高年级基于课程标准的直播课例研究”结题；2017 年正阳路小学“促进核心素养落实的小学评教一体化教学实践”获得淄博市教学成果奖二等奖；2017 年“小学课程体系建设与优化之研究”结题；2020 年市级课题“小学全员运动会的实施策略研究”结题。

（三）学校方面

学校“以体树人”的办学理念，推动了体育更好的发展，形成了“一校多品”的体育教学特色，带动了学校各项工作的全面发展，学校因此获得了多个荣誉：(1)省级文明校园；(2)未成年人思想道德建设工作先进单位；(3)全国青少年校园足球特色学校；(4)全国青少年校园冰雪运动特色学校 ；(5)北京 2022 年冬奥会和冬残奥会奥林匹克教育示范学校；(6)全国青少年校园篮球特色学校 ；(7)全国手球传统学校；(8)山东省中小学课程实验基地；(9)全市优秀运动队后备人才基地（轮滑）；(10)淄博市体育工作突出贡献单位；(11)周村区学校体育工作红旗单位、先进单位，连续五年在周村区体育工作年终督导考核中荣获第一名；(12)2020 年山东教育年度盛典最具影响力学校；(13)“唐槐书院”——名师成长俱乐部被评为“2016 年度周村区教育创新成果”；(14)全国青少年 U 系列滑冰赛、全国速度轮滑锦标赛、全国跳绳联赛多个冠亚季军；(15)淄博市青少年体育锦标赛短道速滑（轮滑）比赛连续四年团体总分第一名；(16)淄博市阳光体育展演优秀组织单位。

四、项目获得县级及以上奖励或推广情况

1.参观学习。我校是我区第一个举办全员运动会的学校，起到了示范引领作用，吸引了区内外共 30 余所学校、300 余名领导老师前来观摩学习。

2.项目推广。在市区级教研会上分别进行了多次经验分享，并完成了全员运动

会相关专题报告，同时协助我区多个兄弟学校举办了全员运动会，既提高了我校体育教学的影响力，也带动了全区学校运动会甚至是体育教学的创新改革。

我和我的第一次全员运动会

崔晴晴

爱因斯坦曾经说过："兴趣是最好的老师"，出生于农村的我活泼好动，酷爱各种体育游戏，对体育活动充满兴趣，从而走上了一条体育专业的路。2012 年考入山东师范大学体育教育专业，2016 年推免本校学硕运动人体科学专业，2019 年毕业顺利考入淄博市周村区正阳路小学，短短 2 个月，我从一名体育专业学生转变为一名小学体育老师，工作至今已近 2 年，时光飞快，现在坐在电脑前回想 2 年的教师生活，我很感恩，也很感激。感恩自己喜欢体育、热爱体育，体育使我身心健康；感恩母校、感恩老师传授我的体育专业知识等；感恩正阳路小学领导对学校体育的重视、对体育老师的重视与培养等。

2019 年入职，依稀记得刚入职时学校老师们、学生们还对学校 4 月份结束的"小篮球 · 大梦想"全员运动会的回味无穷，那时的我在认知上第一次知道，原来还有一种运动会叫作全员运动会。于是带着好奇心和求知欲，我查阅资料、回看学校当时全员运动会的直播，整齐的篮球操，个人的、团体的丰富多彩的竞赛项目，孩子们洋溢着满脸的笑容，家长志愿者、全校领导、老师全程全员参与，一个个精彩的画面、一幕幕感人的镜头，我被这个新形势的全员运动会震撼了，一个小学运动会举办如此之隆重。后来，我开始备课上课，跟着体育组老师一起教研，教研 2020 年的全员运动会，期待着 2020 年的全员运动会。可是，一场突如其来的疫情，打破了学校体育工作计划，2020 年全员运动会取消了，2020 年这一年我们积蓄力量，狠抓落实，开始筹办 2021 年的全员运动会，从教材分析、学情分析等方面考虑，最终我们确定了 2021 年第六届"阳光"体育节——"童心向党，绳彩飞扬"全员运动会，在中国共产党成立 100 周年之际，正阳学子用实际行动表达对运动的热爱，抒发了爱国、爱党情怀，为伟大的中国共产党献上诚挚的祝福。

写这篇小感想时，我第一次参加的也是正阳路小学第六届"阳光"体育节——"童心向党，绳彩飞扬"全员运动会结束已整整 10 天，这 10 天里，我收到了好多好友的信息，包括我学生时期的老师、大学同学还有很多同行的信息，有羡慕的，有咨询的，有转发的，等等。步入教师行业以来我参加的第一个学校全员运动会举办得如此成功，学校老师、学生反馈好，社会影响好。我深感荣幸，从编排课程纲要到课堂实施，从设置项目到创新形式，从懵懂无知到深入了解，这一场盛会教会了我太多太多，我很自豪，我与我的一、二年级学生们一起成长，一起参加了小学阶段的第一次运动会、一次特别的运动会。

在这一场盛会中，令人更开心的是，我的学生们在这个过程中真正地掌握了运动技能，培养了了运动能力，发展了运动行为，并且通过全员运动会组织形式的创新，培养了学生们不怕困难、团结一致的体育品德，真正做到了“以体树人”。在全员运动会举行之前，学生们就经常问我：“老师，什么时候比赛啊？我和妈妈天天练亲子项目，一带一跳绳，一次能跳好多个了。”“老师，我和我同桌的“一带一”跳绳又进步了，我们能跳 120 个了。”“老师，你快看，我学会了一个新的跳法……”一张张纯真的笑脸，一个个求知的眼神，那一刻我感到莫大的幸福，看到祖国的花朵慢慢绽放，我慢慢地发现了自己的价值，随风潜入夜，润物细无声，作为新时代的一名人民教师，要做照亮学生前行的灯，要不断地学习新的知识，汲取更多的营养，浇灌祖国最美的花骨朵们，引领他们健康茁壮成长！一次别样的运动盛会，一个难忘的经历，一笔宝贵的财富，对于入职不到 2 年的青年教师来说，我参加的不只是 2 天的全员运动会，2 天的时光并不拘于 2 天，是我和孩子们一起成长的 2 年，全员运动会让孩子们充分发挥了自己的特长，展示了自己真正的兴趣爱好。全员运动会让老师们真正地了解孩子们，全员运动会让家长们更加关注孩子，全员运动会让社会更多地参与到学生教育中来，全员运动会——让每一个生命绽放精彩！

全员运动会反思

王　群

学校 2015 年 3 月份投入使用，8 月份入职以来，见证了学校几年来的规划与发展。自 2016 年开始，学校结合基于课程标准的教学设计，积极推进体育学科分项式教学尝试，让学生在小学阶段能够掌握 1～2 项的体育特长爱好，也为了让学校打造一校一品甚至多品教学特色。以课程建设拓展学生乐学的空间，引导学生在知识、品质、能力、个性等方面得到比较和谐、全面、可持续的发展。鼓励教师学会学习、学会反思、学会创新，成为实践的研究者，促进个人专业化的成长。

2016 年，学校组织了第一届“阳光”体育节运动会，这次运动会以传统田径运动会为主，其开展形式、参加人数、项目设置、评价方法等依然沿袭着竞技运动会的模式。每个班每位学生最多报 2 个项目，一个项目最多报 2 名学生参加比赛，比赛期间，操场上 6 名学生在比赛，其余学生有的为他们加油，有的就凑一起玩耍，好像运动会与他们无关一样，导致多数学生在晒太阳、少数学生在比赛。造成了重竞技、淡参与的现状，从而使大部分学生对体育运动会失去了兴趣，也就出现了学生不喜欢运动、不喜欢参与的局面。通过这届运动会后，校领导与体育组老师开会，寻求运动会改革，寻找能够保证每一位孩子能参与进来的运动会模式。

2017 年，通过参观高新四小举办的全员运动会，了解到了毛振明教授推广的全员运动会模式。全员运动会模式打破原有的班级比赛模式，是一种以团队为主、培养学生团结协作的运动会模式。这也与学校体育课进行的项目式教学相符合。正阳路小学随即确定第二届运动会为全员运动会，此次运动会每位学生都参与进来，参加了至少 2 项比赛，不再扮演观看者的角色，而是真正参与到运动会当中，为自己所在的队伍贡献自己的一份力量。赛后采访学生，他们都非常喜欢这样的运动会，希望继续参加全员运动会。

2018 年，在有了组织全员运动会的经验的基础上，学校寻求在全员运动会上的突破，从学校体育项目式教学中，选定第三届运动会为球类专场，实现教、学、评一体化，以全员运动会作为教学的评价模式。球类专场运动会创编了校园篮球操，创设了各种篮球比赛项目，每位学生都参加了 2 项以上的比赛，所有的学生都调动起来，他们不再只是关注本年级的比赛，只给本班级的队员加油，而是关注所有的比赛，为方队所有的队员加油。

2019 年，在圆满举办了两届全员运动会后，学校对两届运动会的项目进行整合，挑选出经典并且适合学生水平段的比赛项目，有效地评价了学生课堂学习的内容，从灵敏、速度、力量方面较上学年有了很大的提高。

2021 年，喜迎建党 100 周年，学校采用全员跳绳的方式增强学生体质，通过课课练的方式教会学生基本的跳绳方式，结合前几届运动会创编的校园操，整合了一套 20 分钟左右的校园绳操，2021 年全员运动会的比赛项目主要以计时跳为主，也有个人、双人、团体的比赛项目。

全员运动会每一个项目都是以学生为本来设计的，不以选拔为目的，不再设单人专项，没有冠、亚、季军，只有优胜队。改变过去中小学运动会“少数人在跑跳投，多数人在看”的现象，增加了学生体育锻炼的丰富性、趣味性和教育性，使学生对体育活动兴趣大增，自觉形成终身体育锻炼的意识。

我校基于体育与健康课程标准编写了课程纲要和专项备课，全面践行课程理念，根据学生年龄和心理特点，通过集体备课，逐步修改、完善了各年级课程纲要和专项备课，科学安排了教学内容。逐步形成了“项目式教学—阳光大课间—全员运动会”的教、学、评一致的教学模式。

全员运动会反思

王　柯

2017 年 9 月，我来到正阳路小学，刚开始来到这个陌生的环境，自己就只带了眼睛和耳朵，学习老教师的一言一行，通过几个月学习，知道了学校领导非常重视体育工作，感觉自己也有了一份用武之地，十分荣幸。

2018 年 4 月，我有幸参加学校以“小篮球、大梦想”为主题的第一届全员运动会，从前期的准备工作到最后的圆满结束，感触非常深。首先，前期创编篮球操，各个体育教师使出了浑身解数，通过每个动作抠细节，包括选择合适的音乐卡节拍，学生集中练习。其次，设置比赛项目，选择以篮球为主、技能足球为辅的比赛项目，比如：绝地求生、挑战全明星等，既让学生们在比赛中享受快乐，又考验了教师的篮球教学。最后，比赛中开幕式的烟花和和平鸽，说实话，这是我第一次现场看到这么震撼的开幕式，学生脸上的那种开心欢呼，是任何事情都无法与之相比的，比赛中，裁判员每一轮游戏上下场搬器材，孩子们享受比赛，当时给我的感觉就是，太累了，脚底都磨了一个大水泡，但是看到孩子们胜利后的那种欢呼，真的忘记了自己有多累多疼。这一刻，我感觉到了体育老师的不易。

2019 年 4 月，学校又举办了以“追梦新时代、健康赢未来”为主题的全员运动会，全员运动会围绕以运动技能为主展开比赛，比赛前，所有体育教师晚上加班讨论分队、项目设置等问题，各个体育教师讨论中有过争议，都想把项目做到最好，能够适合学生的年龄特点、身体素质等因素，最后确定了 25 个比赛项目，比如：抬小猪、旋风跑、足球九宫格等比赛项目。比赛中，家长志愿者和体育教师共同努力，圆满地完成了本届全员运动会，本次运动会，既是检验学校体育课程改革和素质教育的一次集中展示，也是校园文化的重要组成部分，更是体现正阳学子精神面貌的一次盛会。

在 2021 年刚刚结束的以“童心向党、绳彩飞扬”为主题的全员运动会暨首届田径运动会中，学校教师创编了一套适合低年级的绳操和一套适合高年级的绳操，既发展学生的身体素质，又能让学生体验到体育带给他们的酣畅淋漓的感觉，开幕式中，学校德育处为了庆祝党的百岁生日，根据党的发展历程设置 9 个方阵，把运动会推上了高潮。第2天的田径比赛让学生们体验到了什么是竞技体育。本届运动会既有“跳8字”绳和“一带一”跳绳，也有100米、400米、跳远等传统比赛项目，还有教师组的接力比赛，其中教师组的比赛把整个比赛推向高潮。

来到正阳路小学后，参加了三届全员运动会，给我最大的感触就是，学校领导非常重视学生的素质教育，学生在学校不光有学习，还有很多活动可以参加，真正地培养学生德智体美劳的全面发展。学生既然来到了正阳路小学，我们老师就有义务让他们高兴、欢乐地走出正阳路小学的大门。

全员运动会心得

张骞月

自2018年参加工作以来已经经历了两届全员运动会，分别是“小篮球，大梦想”和“童心向党，绳彩飞扬”，两届以来我最大的感受是正阳路小学的学生是幸福的，正阳路小学的教育是促进学生全面发展的，“全员运动会”是值得在校园内推广的！

过去传统的学校运动会是少数人在跑，多数人在“晒太阳”，很多学生上了12年学，一次运动会的比赛都没有参加。所以，过去的运动会是面向少数人，后来进行了一些改革，组织了一些趣味运动会或亲子运动会，或者叫“体育嘉年华”，这些运动会也有它的缺点，就是这些运动会的项目不需要太多的体力，也不需要太多的技能。针对以上两个极端，我们学校领导和体育老师去杭州学习了“全员运动会”的开展模式，并结合学校实际情况开展了球类专场和绳类专场，作为一名体育老师，看到所有孩子能在全员运动会上以运动员的身份动作整齐地展示整套篮球操、绳操，我内心非常澎湃，替学生开心他们能在体育氛围这么强烈的校园内成长，也很激动他们的身体素质能够得到锻炼和提升，我相信这是很多只重视孩子学习成绩学校的遗憾！

一、全员参与

全员运动会具有很高的参与度，要求尽最大可能让每个学生参加更多的比赛，一个都不能少。我校有将近2000名学生，设有20项左右的比赛项目和展示项目，要求每个学生平均出场4次左右，即每个学生参加3个项目的比赛和1次展示活动。在全员运动会中，高年级大部分同学要担任1项裁判工作，此外，班主任、其他学科教师以及校长要和学生一起比赛或展示，要做到真正的“全员”。

二、"集体战",趣味盎然,德育渗透

全员运动会坚决反对简单低俗的比赛、平庸的技能和低劣的体能要求。主张要让学生在新颖、大集体、竞争性强、具有挑战难度的比赛中享受挑战和竞争的乐趣。每个游戏都是全体体育教师集体教研、结合学生学情反复讨论出来的项目,学生乐在其中,愿意根据自己的强项去选择游戏项目,愿意去为班级荣誉而拼搏。全员运动会要求在运动会中所有的环节都要体现教育性和规范性,全员运动会强调抓细节进行道德教育,将正面教育和奖惩措施相结合,引导学生遵守规则、团结友爱,发扬不怕苦不怕累的精神,进行"文明其精神,野蛮其体魄"的全教育。

三、仪式庄严,隆重热烈

我们的全员运动会强调仪式美感,有升旗仪式、优胜旗入场、开场操、颁发优胜旗、闭幕式、社团展演。全员运动会要成为学校的传统盛典、欢乐节日和工作检阅,要求在音乐设计、环境设计、美术设计、道具设计、教育展示、服装设计、主持词设计等方面精益求精,追求视觉、听觉、感觉的完美结合。

四、家校共育,社会联动

全员运动会要求学校邀请学生家长参与亲子比赛,还主张邀请社会贤达及社区相关领导参加。通过家长和社区领导的参与,形成社会、家庭对学校教育的监督和反馈机制,以获得广大家长和社会对学校教育的更大理解与支持,促进学校教育与社会教育、家庭教育的深度融合。

我们的全员运动会能够让全校每个孩子将体育融入日常生活中,孩子的体质明显提高了,能够扎扎实实掌握一项篮球操或者绳操,这是实实在在的东西,同时学生也是非常喜欢的,因为全员参与,每个孩子都是主角,他们的集体荣誉感也会潜移默化的提升,我很替自己的学生高兴。同时,能够作为正阳路小学的体育教师我有很大的幸福感,我和同事会为了每个孩子的进步继续借全员运动会这个契机而去努力!

全员运动会反思

郭　瑞

2021 年 4 月 29～30 日，为庆祝中国共产党成立 100 周年，深入开展党史学习教育，周村区正阳路小学举办第六届“阳光”体育节全员运动会，激发了全校师生的爱国、爱党情怀，让大家感受到了阳光体育的乐趣。

这次运动会从开始几个月前的准备工作到运动会的幕后工作，作为一名第一次参与运动会的体育老师，自己感触很多，所有教师、学生在赛前都做了充分的准备，例如编排绳操、制定秩序册、创新各方队开幕式出场、布置会场等，在所有项目的筹备过程中，李校长带着大家团结一致，齐心协力，努力打造一个更好的全员运动会。从最开始的开幕式，内容丰富，形式多种多样，五彩缤纷的彩旗队：8 支历史事件代表队等，各种形式的展示，让我看到了学生们的热情、良好的精神面貌以及学生们的团队荣誉感，让场地外的我不禁为他们鼓掌。在学生们的绳操展示中，学生身穿五颜六色的服装，跳着节拍一致的绳操，让我感受到校园青春洋溢的色彩，也看到了孩子们付出的努力。在后面的广播操与武术操展示中，又体现了不一样的正阳精神，这些操类的展示，丰富了学生们的体育生活，激发了孩子们对体育活动的热情，培养了孩子们团结协作的精神，在相互合作中也促进了同学之间友谊的发展。除此之外还有丰富的社团展示，“五老”志愿者为孩子们带来的精彩演唱，孩子们也带来了与众不同的论语表演、振奋人心的武术表演、温柔似水的舞蹈表演、耐人寻味的歌唱表演，让我们看到了孩子们与众不同的一面，在台下观看表演的师生家长们也激情澎湃，为孩子们精彩的表演鼓掌喝彩。

上午开幕式结束，下午开始进行绳操比赛，比赛项目多种多样，有单人单摇、双人双绳、亲子跳、跳绳接力等多种项目，作为裁判的我看到了孩子们的团结一致以及为自己所在的班级、方阵加油助威，当比赛的孩子们听到这些呐喊声，更加激发了他们的斗志。在教师们的互相协作下、孩子们的认真参与中，下午的绳操比赛完美结束。

在第二天的竞赛运动会中，各裁判员认真到位，各班主任老师认真组织学生参赛、观看比赛、投稿、喝彩，秩序井然，气氛相当热烈。在赛场上，全体运动员发扬了友谊第一、比赛第二的优良传统，发扬了更高、更快、更强的体育精神，在运动会中取得了可喜的成绩。特别值得一提的是，整场运动会中，没有出现一例安全事故，比赛结束时，班级所在场地没有一片垃圾，这得力于各班主任及各教师的组织管理。

作为一名体育老师，自己也深切体会了开展一场完美顺利的全员运动会需要很多人的付出，单从体育方面出发，体育组全体成员召开了数次绳操编排会，数次全员运动会筹备会等，体育组全体成员不断地研究、修改、调整方案。从操类的展示制定、比赛项目的制定、场地的规划、活动中的应急措施、与各部门的协调工作等，在大家的努力下顺利完成。我很开心我在一个团结协作的大家庭里，这次运动会的顺利完成，让我更体会到了学校教师之间的温暖，如果没有大家的团结一致，就不会有精彩的赛事过程。

本届运动会大力推进了我校“阳光”体育节全员运动会的蓬勃发展，丰富了校园文化生活，推动我校素质教育的发展，促进学生全面健康、和谐发展。在未来的日子里，我相信正阳路小学在全体教职工的努力下，一定会不断地创新、不断地发展、不断地进步，一定会为孩子们提供一个健康和谐的校园。